Rezepte für Singles

BELLAVISTA

Inhalt

Kokosnudeln mit buntem Röstgemüse, Seite 49

Garnelen-Mango-Salat, Seite 22

Rustikale Pilzsuppe, Seite 8

Spaghetti mit Ofentomaten, Fetakäse und Rucola, Seite 33

Vegetarische Lasagne, Seite 90

Schweinefilet im Prosciutto-Kräuter-Mantel, Seite 51

Pfannküchlein mit Heidelbeer-Sauce, Seite 102

Rindfleisch-Curry mit Ananas, Seite 79

Nützliche Hinweise

Leicht & schnell

Normaler Aufwand

Schwieriger, aber lohnend

Es gelten die üblichen Maße in Gramm und Liter. Die in den Rezepten verwendeten Eier wiegen durchschnittlich 60 g. Die Dosengrößen sind bei jedem Hersteller verschieden, verwenden Sie daher die Größe, die der im Rezept angegebenen am nächsten kommt.

Maßeinheiten und Abkürzungen

EL = Esslöffel (15 ml)
TL = Teelöffel (5 ml)
g = Gramm
kg = Kilogramm
l = Liter
ml = Milliliter
Msp. = Messerspitze
Pckg. = Packung
Min. = Minute/n
Std. = Stunde/n

Für sich allein kochen lernen

Wenn es um die Zubereitung von Mahlzeiten für nur eine Person geht, denken viele: „Was soll die Mühe?" und begnügen sich mit Fertiggerichten oder dem Pizzadienst. Doch egal, ob Sie allein leben oder einfach andere Essgewohnheiten haben als Ihre Mitbewohner – es ist wirklich nicht schwer, für sich allein leckere, gesunde Gerichte zu kochen.

Portionsgröße

Die Rezepte in diesem Buch wurden speziell für eine Person entwickelt, und die Portionen dürften meist die richtige Größe haben.

Wenn Sie jedoch z.B. Leistungssportler oder anderweitig körperlich aktiv sind, werden Sie wahrscheinlich einige Rezepte etwas reichlicher bemessen müssen. Ebenso könnten bei geringer körperlicher Betätigung manche Portionen ein wenig mächtig erscheinen.

Einkaufen

Einer der heikelsten Punkte beim Kochen von Einzelportionen ist das Einkaufen der richtigen Menge. Wenn man bisher mehrere Personen zu versorgen hatte, ist es besonders schwierig, den Kühlschrank nicht gewohnheitsmäßig für eine ganze Familie zu füllen.

Auch die Zutatenverhältnisse richtig umzurechnen, kann sich als schwierig erweisen, insbesondere, wenn man nach einem Rezept für vier Personen kocht. Teilt man die angegebenen Mengen durch vier, steht man am Ende mit einer Reihe angebrochener Dosen und Packungen da. Auch die Anpassung der Garzeiten an geringere Mengen ist oft schwierig.

Vorkochen und tiefgefrieren

Heutzutage sind die meisten Menschen berufstätig und haben weder die Zeit noch die Energie, jeden Abend zu kochen. Wenn es Ihnen auch so geht, sollten Sie sich unser Kapitel „Gutes aus dem Gefrierschrank" (siehe S. 86) ansehen. Dort finden Sie Rezepte für größere Mengen, die sich gut portionsweise bis zu drei Monate tiefgefrieren und bei Bedarf schnell und einfach erhitzen lassen.

So eine Verschwendung!

Es ist frustrierend, aber wahr, dass es manche Zutaten nicht in kleinen, praktischen Portionen zu kaufen gibt. Lassen Sie sich davon nicht abschrecken, denn die Reste kann man meist gut tiefgefrieren. Sie müssen sich allerdings angewöhnen, Ihr Gefriergut zu beschriften und zu datieren. Denn nach einem Monat im Gefrierschrank sieht alles gleich aus, und wenn Sie Ihre Reste nicht wirklich verbrauchen, sparen Sie nichts, sondern zögern eigentlich nur das Wegwerfen hinaus!

Bei den Rezepten in diesem Buch wurde speziell darauf geachtet, dass es möglichst wenig schlecht verwertbare Reste gibt. Hier noch einige Tipps für die Aufbewahrung von Resten:

Tomatenmark: In Eiswürfelschalen tiefgefrieren, die festen Würfel in Gefrierbeuteln aufbewahren und nach Bedarf verwenden. Auftauen nicht erforderlich.

Kräuter: Hacken und je 1 EL in Frischhaltefolie eingewickelt tiefgefrieren. Nach Bedarf zu Currys und Wokgerichten zufügen. Beschriftung nicht vergessen, da gehackte Kräuter in gefrorenem Zustand nicht mehr auseinander zu halten sind.

Brühe: Selbst gemachte Brühe schmeckt bekanntlich am besten, doch die meisten haben nicht wirklich Zeit und Lust, sie selbst zu kochen. In gut sortierten Supermärkten gibt es küchenfertige Brühen bzw. Fonds zu kaufen, die deutlich besser schmecken als Brühwürfel oder Instant-Pulver. Brühe- bzw. Fondsreste in ¼-l-Portionen in einen Gefrierbeutel geben, der in einem Messbecher steht, den Beutel verschließen und tiefgefrieren. Wenn die Brühe gefroren ist, den Beutel aus dem Becher nehmen.

Zitrusschale: Zitronen-, Limetten- und Orangenschale reiben, je 1 TL fest in Frischhaltefolie einwickeln und tiefgefrieren. So haben Sie immer einen Vorrat zur Hand.

Gewürze: Geöffnete Gewürzpakete bleiben länger frisch, wenn sie fest verschlossen im Gefrierschrank aufbewahrt werden.

Ingwer: Frische Ingwerstücke lassen sich gut in Frischhaltefolie verpackt tiefgefrieren. Wenn man gefrorenen Ingwer reibt, löst sich die Schale von selbst; der Ingwer kann aber auch aufgetaut, geschält und nach Rezept verarbeitet werden. Alternativ frischen Ingwer schälen, in dünne Scheiben schneiden und im Kühlschrank in Sherry einlegen. Ingwer und der aromatisierte Sherry eignen sich hervorragend für die Zubereitung asiatischer Gerichte im Wok.

Semmelbrösel: Frische Semmelbrösel in größerer Menge als benötigt zubereiten (Weißbrot vom Vortag im Mixer zerkleinern) und den Rest in Gefrierbeuteln tiefgefrieren.

Obst: Saisonale Früchte wie z.B. Kirschen tiefgefrieren, wenn sie gut gereift und in großen Mengen preiswert erhältlich sind. Dann außerhalb der Saison verbrauchen.

Pilze: Nein, Pilze kann man nicht tiefgefrieren, aber sie halten sich länger und

Wichtige Zutaten in Kühl- und Vorratsschrank

1 Eier
2 Dosentomaten
3 Zucker
4 Fettuccine
5 Rotweinessig
6 Dosenmais
7 Langkornreis
8 Kokosmilch
9 körniger Senf
10 Paprikagewürz
11 Sojasauce
12 Couscous
13 Hühnerbrühe
14 Reis-Vermicelli
15 brauner Zucker
16 Hühnerbrühwürfel
17 Olivenöl
18 süße Chilisauce
19 getrocknete Eiernudeln
20 Mehl

werden weder trocken noch schleimig, wenn man sie zunächst in eine Papiertüte und dann in einen Gefrierbeutel legt. **Käse:** Geriebener Parmesan hält sich am besten im Gefrierschrank. In einen Gefrierbeutel geben und gründlich die Luft herausdrücken, damit sich keine Eiskristalle bilden.

Fettkonsum verringern

Sollten Sie fettreduzierte Kost bevorzugen, können Sie den Fettgehalt der meisten Gerichte mit ein paar einfachen Schritten verringern. Verwenden Sie zum Braten beschichtete Pfannen und streichen sie diese nur sehr dünn mit Öl aus. Verwenden Sie statt Vollmilcherzeugnissen fettarme bzw. fettreduzierte Milchprodukte. In gut sortierten Supermärkten gibt es sogar fettreduzierte Kokosmilch als Ersatz für die ansonsten sehr gehaltvolle Variante. Befreien Sie Fleisch vor der Zubereitung von allem sichtbaren Fett. Hühnerfleisch hat weniger Fett, wenn die Haut entfernt wird. Vor allem Hühnerbrustfilets sind sehr fettarm und können fast immer anstelle anderer Hühnerteile verwendet werden.

Suppen und kleine Gerichte

Thailändische Hühner-Mais-Suppe

Vorbereitungszeit: 10 Min.
Garzeit: 5 Min.
Für 1 Person

- 1 kleine Dose (130 g) Mais, nicht abgegossen
- 2 kleine Hühnerbrühwürfel, zerdrückt
- 2 Frühlingszwiebeln, in Ringe geschnitten
- 1 TL frischer, fein gehackter Ingwer
- 125 g Hühnerbrustfilet, in dünne Streifen geschnitten
- 1 TL süße Chilisauce
- 1 TL Fischsauce
- 30 g Reis-Vermicelli (Fadennudeln)
- 2 EL frisch gehackte Korianderblätter
- ½ TL geriebene Limettenschale
- 2 TL Limettensaft

1 500 ml Wasser in einem großen Topf bei starker Hitze zum Kochen bringen. Mais mit seinem Saft, die zerdrückten Brühwürfel, Frühlingszwiebelringe und Ingwer zugeben. Die Temperatur herunterschalten und die Mischung 1 Minute köcheln lassen.

2 Das in Streifen geschnittene Hühnerfleisch, Chilisauce und Fischsauce zufügen und alles 3 Minuten weiter köcheln lassen.

3 Unterdessen die Vermicelli in einer kleinen feuerfesten Schüssel mit sprudelnd kochendem Wasser übergießen und 4 Minuten einweichen. Gründlich abtropfen lassen und in kurze Stücke schneiden.

4 Anschließend die Vermicelli, den Koriander, die Limettenschale und den Limettensaft zur Suppe geben und sofort servieren.

Nährwert pro Portion
Eiweiß 33 g; Fett 5 g; Kohlenhydrate 35 g; Cholesterin 63 mg; 1327 kJ (317 kcal)

Maiskörner, Brühwürfel, Frühlingszwiebeln und Ingwer in den Topf geben.

Nudeln in einer feuerfesten Schüssel mit kochendem Wasser übergießen.

Rustikale Pilzsuppe

Vorbereitungszeit: 10 Min.
Garzeit: 10 Min.
Für 1 Person

25 g Butter
2 Frühlingszwiebeln, in feine Ringe geschnitten
1 kleine Knoblauchzehe, zerdrückt
3 TL Mehl
375 ml Hühnerbrühe
100 g Champignons, fein gehackt
2 TL frisch gehackte glatte Petersilie

1 Die Butter in einem Topf bei mittlerer Hitze zerlassen. Die Frühlingszwiebelringe und den Knoblauch darin 2–3 Minuten weich dünsten. Das Mehl zugeben und 1 Minute unter ständigem Rühren anschwitzen.

2 Vom Herd nehmen und langsam die Brühe einrühren. Champignons und Petersilie zufügen. Unter ständigem Rühren wieder aufkochen und eindicken lassen. Herunterschalten und abgedeckt 5 Minuten köcheln lassen. Mit Salz und Pfeffer würzen und mit frischem knusprigem Baguette servieren.

Nährwert pro Portion
Eiweiß 6 g; Fett 22g; Kohlenhydrate 11 g; Cholesterin 65 mg; 1077 kJ (257 kcal)

Mehl zu den Frühlingszwiebeln mit Knoblauch geben und anschwitzen.

Hühnerbrühe, Champignons und Petersilie zufügen und aufkochen.

Rösttomatensuppe mit Kichererbsen

Vorbereitungszeit: 10 Min.
Gar- und Backzeit: 30 Min.
Für 1 Person

2 Flaschentomaten, längs halbiert
2 Knoblauchzehen
½ TL getrockneter Oregano
2 TL Olivenöl
1 Zwiebel, in Ringe geschnitten
1 TL Tomatenmark
250 ml Hühnerbrühe
30 g Kichererbsen aus der Dose, abgespült und abgetropft

1 Backofen auf 200 °C vorheizen. Tomaten und Knoblauch auf ein beschichtetes Backblech legen. Mit Oregano und etwas Salz bestreuen und 20 Minuten im Ofen weich garen.

2 Tomaten und Knoblauch aus dem Ofen nehmen. Den Knoblauch schälen und mit den Tomaten im Mixer glatt pürieren.

3 Öl in einem Topf erhitzen. Die Zwiebelringe darin bei schwacher Hitze 5 Minuten glasig dünsten. Tomatenmark zufügen und 1 Minute anschwitzen. Brühe, Kichererbsen und die pürierte Tomatenmischung zugeben. Zum Kochen bringen, dann herunterschalten und 1 Minute köcheln lassen. Mit Salz und frisch gemahlenem Pfeffer würzen, auf Suppenteller geben und mit knusprigem Brot servieren.

Nährwert pro Portion
Eiweiß 6 g; Fett 9,5 g; Kohlenhydrate 13 g; Cholesterin 22 mg; 981 kJ (234 kcal)

Tomaten und Knoblauch würzen und 20 Minuten grillen.

Zwiebel in einem Topf bei schwacher Hitze 5 Minuten glasig dünsten.

Die Suppe aufkochen, dann herunterschalten und 1 Minute garen.

Karottensuppe mit Kokos und Spinat

Vorbereitungszeit: 15 Min.
Garzeit: 10 Min.
Für 1 Person

1 große (150 g) Karotte, in dünne Scheiben geschnitten
1 mittelgroße Zwiebel, in Ringe geschnitten
1 Knoblauchzehe, geschält
450 ml Gemüsebrühe
2 EL Kokoscreme
20 g junger Blattspinat
1 TL Limettensaft
5 g frische Korianderblätter
1 EL Kokosflocken, geröstet

1 Die Karottenscheiben, Zwiebelringe, Knoblauch und Gemüsebrühe in einem großen Topf zum Kochen bringen und abgedeckt 5 Minuten garen.
2 Den Knoblauch aus der Suppe herausnehmen und die restliche Mischung im Mixer oder in der Küchenmaschine glatt pürieren.
3 Die Mischung wieder zurück in den Topf geben und auf niedriger Stufe vorsichtig erhitzen. Die Kokoscreme zugeben und sorgfältig verrühren. Dann den Spinat mit dem Limettensaft zugeben und unter Rühren zusammenfallen lassen.
4 Mit gezupften Korianderblättern und gerösteten Kokosflocken bestreuen und sofort servieren.

Nährwert pro Portion
Eiweiß 5,5 g; Fett 13 g; Kohlenhydrate 16g; Cholesterin 0,5 mg; 850 kJ (205 kcal)

Karotte, Zwiebel, Knoblauch und Gemüsebrühe in einen Topf geben.

Die Mischung in einen Mixer füllen und glatt pürieren.

Spinat mit Limettensaft zugeben und unter Rühren zerfallen lassen.

Hühner-Laksa

Vorbereitungszeit: 10 Min.
Garzeit: 10 Min.
Für 1 Person

50 g Reis-Vermicelli (Fadennudeln)
2 TL Erdnussöl
1 Knoblauchzehe, zerdrückt
2 EL Laksa-Paste
1 kleine Dose (140 g) Kokosmilch
200 ml Hühnerbrühe
125 g Hühnerbrustfilet, in mundgerechte Stücke geschnitten
3 Frühlingszwiebeln, in 4 cm lange Stücke geschnitten
8 Zuckerschoten, diagonal halbiert
1 EL frische Korianderblätter
50 g küchenfertig frittierte Tofuwürfel
25 g Bohnensprossen
frische Korianderblätter, zusätzlich, zum Garnieren

1 Nudeln in einer feuerfesten Schüssel mit kochendem Wasser übergießen und 5 Minuten stehen lassen.
2 Öl in einem Topf erhitzen. Knoblauch und Laksa-Paste darin unter Rühren bei mittlerer Hitze 2 Minuten anschwitzen.
3 Die Kokosmilch, die Hühnerbrühe und 200 ml Wasser einrühren und aufkochen. Die Hühnerstücke zugeben, die Temperatur herunterschalten und 5 Minuten köcheln lassen.
4 Frühlingszwiebeln und Zuckerschoten zufügen, die Korianderblätter unterrühren.
5 Nudeln abgießen und in eine vorgewärmte Suppenschale geben. Die Hühnermischung darüber geben und Tofuwürfel, Bohnensprossen und Koriander darauf anrichten.

Hühnerbrustfilets mit einem Messer in mundgerechte Stücke schneiden.

Knoblauch und Laksa-Paste unter Rühren 2 Minuten anschwitzen.

Hühnerstücke in den Topf geben und 5 Minuten köcheln lassen.

Die Hühnermischung über die abgegossenen Reisnudeln geben.

Nährwert pro Portion
Eiweiß 40 g; Fett 48 g; Kohlenhydrate 24 g; Cholesterin 67 mg; 2883 kJ (686 kcal)

Spinat-Erbsen-Suppe

Vorbereitungszeit: 15 Min.
Garzeit: 10 Min.
Für 1 Person

25 g Butter
6 Frühlingszwiebeln, fein gehackt
500 ml Hühnerbrühe
150 g Tiefkühlerbsen
100 g Blattspinat, in Streifen geschnitten
1 EL Naturjogurt

1 Butter in einem Topf erhitzen. Die Frühlingszwiebeln darin auf mittlerer Stufe 3–4 Minuten weich dünsten. Hühnerbrühe zugießen und zum Kochen bringen.

2 Erbsen und Spinat zugeben und 5 Minuten kochen. Leicht abkühlen lassen, dann im Mixer glatt pürieren. In eine vorgewärmte Suppenschale geben. Jogurt zufügen und leicht spiralförmig verziehen. Mit frisch gemahlenem schwarzem Pfeffer würzen.

Nährwert pro Portion
Eiweiß 15 g; Fett 19 g; Kohlenhydrate 16 g; Cholesterin 55 mg; 1228 kJ (293 kcal)

Frühlingszwiebeln 3–4 Minuten in der Butter weich dünsten.

Erbsen und Spinat in den Topf geben und 5 Minuten kochen.

Die Mischung in einen Mixer geben und glatt pürieren.

Süßkartoffel-Apfel-Suppe mit Curry

Vorbereitungszeit: 10 Min.
Garzeit: 15 Min.
Für 1 Person

1 TL Öl
1 kleine Zwiebel, gewürfelt
¼ TL Madras-Currypulver
200 g rote Süßkartoffel, geschält und gewürfelt
1 kleiner grüner Apfel, geschält und gewürfelt
250 ml Hühner- oder Gemüsebrühe

1 Öl in einem großen Topf erhitzen. Die Zwiebelwürfel mit dem Currypulver darin bei mittlerer Hitze 3 Minuten glasig dünsten.
2 Süßkartoffel, Apfel und Brühe zugeben. Zum Kochen bringen, dann herunterschalten und abgedeckt 10 Minuten köcheln lassen.
3 Topf vom Herd nehmen und im Mixer oder in der Küchenmaschine glatt pürieren. Zurück in den Topf geben und auf niedriger Stufe erhitzen. Mit Salz und Pfeffer würzen und knusprigem Weißbrot servieren.

Nährwert pro Portion
Eiweiß 5 g; Fett 6 g; Kohlenhydrate 52 g; Cholesterin 0,5 mg; 1175 kJ (280 kcal)

TIPP
Currypulver immer anschwitzen, damit es nicht bitter wird.

Zwiebelringe und Currypulver bei mittlerer Hitze 3 Minuten andünsten.

10 Minuten köcheln lassen, bis die Süßkartoffeln weich sind.

Die Suppe vor dem Servieren auf niedriger Stufe erhitzen.

Pochierter Lachs in Ingwersud

Vorbereitungszeit: 5 Min.
Garzeit: 15 Min.
Für 1 Person

2 TL Öl
2 Frühlingszwiebeln, in diagonale Ringe geschnitten
2 TL frischer, fein gehackter Ingwer
1 EL Fischsauce
1 EL brauner Zucker
200 g Lachsfilet oder -steak
2 TL Limettensaft
40 g junge Tiefkühlerbsen
6 frische Korianderblätter

1 Öl in einer Pfanne erhitzen. Frühlingszwiebeln und Ingwer darin unter Rühren bei mittlerer Hitze 2 Minuten anbraten.
2 Fischsauce, Zucker und 325 ml Wasser zufügen und zum Kochen bringen. Auf niedrige Hitze herunterschalten und den Lachs 3 Minuten in der Brühe pochieren. Wenden und 1 Minute weitergaren. Den Lachs auf einen vorgewärmten Suppenteller geben und mit Alufolie abgedeckt warm stellen. Die Brühe im Topf 3–5 Minuten auf die Hälfte einkochen lassen. Limettensaft unterrühren.
3 Unterdessen einen kleinen Topf mit Wasser zum Kochen bringen und die Erbsen darin 1 Minute kochen. Gründlich abtropfen lassen. Die Erbsen um den Lachs verteilen, Ingwersud darüber gießen und mit Korianderblättern garnieren.

Nährwertangaben
Eiweiß 20 g; Fett 22 g; Kohlenhydrate 25 g; Cholesterin 70 mg; 1612 kJ (384 kcal)

Frühlingszwiebeln und Ingwer in der Pfanne 2 Minuten anbraten.

Lachs 3 Minuten auf einer, dann 1 Minute auf der anderen Seite pochieren.

Die Brühe zum Kochen bringen und auf die Hälfte reduzieren.

Gebackene Eier nach italienischer Art

Vorbereitungszeit: 10 Min.
Backzeit: 20 Min.
Für 1 Person

Für die Prosciutto-Toasts:
1 Baguettebrötchen
3 TL Olivenöl
2 dünne Scheiben Prosciutto

1 Tomate, entkernt und fein gewürfelt
2 Eier, zimmerwarm
1 TL frisch gehackter Schnittlauch
2 TL frisch gehacktes Basilikum
3 schwarze Oliven, entsteint und fein gehackt
1 TL natives Olivenöl extra
2 EL geriebener Parmesan

1 Backofen auf 200 °C vorheizen. Eine kleine Auflaufform (200 ml) dünn einfetten.
2 Für die Toasts das Brötchen längs halbieren (obere und untere Kruste entfernen). Auf beiden Seiten mit Öl bestreichen und je 1 Scheibe Prosciutto darauf legen. Beiseite stellen.
3 Eier in die vorbereitete Form schlagen. Tomate, Schnittlauch, Basilikum, Oliven und Olivenöl in einer anderen Schüssel gut mischen und mit Salz und Pfeffer würzen. Auf die Eier geben und mit Parmesan bestreuen. Auf einem Blech 5 Minuten im Ofen backen. Die Prosciutto-Toasts daneben legen und weitere 10–15 Minuten backen. Die Toasts halbieren, auf Tellern anrichten und sofort servieren.

Nährwert pro Portion
Eiweiß 32 g; Fett 37 g; Kohlenhydrate 47 g; Cholesterin 384 mg; 2726 kJ (650 kcal)

Die Krusten entfernen, dann das Brötchen längs in zwei Scheiben schneiden.

Die Mischung aus Tomate, Kräutern, Oliven und Öl auf die Eier geben.

Eier und Prosciutto-Toasts bei 200 °C im Ofen backen.

Krebsfrikadellen mit Sesam-Mayonnaise

Vorbereitungszeit: 15 Min.
Garzeit: 6 Min.
Für 1 Person

1 Dose (170 g) Krebsfleisch, abgetropft (Saft aufbewahren)
1 Ei, leicht verquirlt
35 g Stangensellerie, fein gehackt
1 Frühlingszwiebel, fein gehackt
1 EL frisch gehackte Korianderblätter
25 g Semmelbrösel
1–2 Tropfen Tabasco, nach Geschmack
1 EL helles Olivenöl

Sesam-Mayonnaise
2 EL Mayonnaise (siehe TIPP)
2 TL Sesam, geröstet
1 TL süße Chilisauce
½ TL frisch geriebener Ingwer
¼ TL Sojasauce

1 Krebsfleisch ausdrücken und in eine Schüssel geben. Ei, Sellerie, Zwiebelstücke, Koriander, Semmelbrösel, Tabasco und 2 TL des Krebssaftes zugeben. Mischen und würzen, dann abgedeckt 5 Minuten ziehen lassen. Die Masse in 3 Portionen teilen und zu Frikadellen formen.
2 Öl in einer beschichteten Pfanne erhitzen. Die Frikadellen darin bei mittlerer Hitze auf beiden Seiten 2–3 Minuten goldbraun braten. Gut abtropfen lassen.
3 Für die Sesam-Mayonnaise alle Zutaten in einer kleinen Schüssel gut verrühren. Über die Krebsfrikadellen geben und mit einem Salat servieren.

Nährwert pro Portion
Eiweiß 33 g; Fett 40 g; Kohlenhydrate 29 g; Cholesterin 335 mg; 2565 kJ (613 kcal)

TIPP
Für eine fettreduzierte Variante Jogurt statt Mayonnaise verwenden.

Die Zutaten für die Krebsfrikadellen in einer Schüssel gut mischen.

Die Masse in 3 gleich große Portionen teilen und zu Frikadellen formen.

Die Frikadellen auf beiden Seiten 2–3 Minuten goldbraun braten.

Asiatisches Omelett

Vorbereitungszeit: 5 Min.
Garzeit: 10 Min.
Für 1 Person

2 TL Sojasauce
2 TL Ketjap Manis
2 TL trockener Sherry
1 EL Erdnussöl
2 Frühlingszwiebeln, diagonal in Ringe geschnitten
1 TL frisch geriebener Ingwer
125 g Champignons, in Scheiben geschnitten
3 Eier, leicht verquirlt
1 EL frisch gehackte Korianderblätter

1 Sojasauce, Ketjap Manis und Sherry in einer Schüssel gut verrühren. Die Hälfte des Erdnussöls in einem Topf erhitzen. Frühlingszwiebeln und Ingwer darin bei schwacher Hitze 3–4 Minuten weich dünsten. Champignons und die Sojasaucenmischung zufügen und 3 Minuten bei mittlerer Hitze unter Rühren weiterdünsten. Warm stellen.
2 Eier und 1 EL Wasser in einer kleinen Schüssel verrühren und mit Salz und Pfeffer würzen. Das restliche Erdnussöl in einer kleinen beschichteten Pfanne erhitzen. Die Eiermasse darin auf mittlerer Stufe 2–3 Minuten leicht stocken lassen.
3 Die Pilzmischung auf eine Hälfte des Omeletts geben und mit der Hälfte des gehackten Korianders bestreuen. Das Omelett zusammenfalten und vorsichtig auf einen vorgewärmten Teller gleiten lassen. Mit dem restlichen Koriander bestreuen und sofort mit einem grünen Salat servieren.

Nährwert pro Portion
Eiweiß 24 g; Fett 35 g; Kohlenhydrate 4,5 g; Cholesterin 540 mg; 1780 kJ (425 kcal)

TIPP
Variation: Für ein herzhafteres Gericht gewürfelten Speck zugeben.

Champignons und die Sojamischung 3 Minuten andünsten.

Die verquirlten Eier in einer kleinen Pfanne leicht stocken lassen.

Die warme Pilzmischung auf das Omelett geben und mit Koriander bestreuen.

Champignons mit Rucola-Ricotta-Füllung

Vorbereitungszeit: 10 Min.
Backzeit: 5 Min.
Für 1 Person

60 g Rucolablätter
125 g fettarmer Ricotta
1 Eigelb
1 EL frisch gehackter Schnittlauch
20 g Butter, zerlassen
2 Knoblauchzehen, zerdrückt
2 große, flache Champignons ohne Stiele
2 EL frisch geriebener Parmesan
Rucolablätter, zusätzlich

1 Rucola in einem Sieb über eine feuerfeste Schüssel legen, mit kochendem Wasser übergießen und die Blätter weich werden lassen. Unter fließend kaltem Wasser abschrecken. Möglichst viel Feuchtigkeit herausdrücken, dann die Blätter grob hacken.
2 Ricotta, Eigelb, Schnittlauch und Rucola in einer Schüssel gut mischen. Nach Geschmack mit Salz und frisch gemahlenem schwarzem Pfeffer würzen.
3 Die Butter mit dem Knoblauch verrühren und die Champignons damit bestreichen. Die Pilze mit den Lamellen nach unten auf ein beschichtetes Blech setzen und 1 Minute bei starker Hitze im Ofen grillen.
4 Die Champignons wenden, die Ricottamasse darauf geben und glatt streichen. Mit Parmesan bestreuen und 3 Minuten goldbraun grillen. Mit zusätzlichem Rucola servieren.

Nährwert pro Portion
Eiweiß 25 g; Fett 38 g; Kohlenhydrate 3,5 g; Cholesterin 300 mg; 1897 kJ (455 kcal)

TIPP

Serviervorschlag: Als Beilage Tomatenscheiben servieren, mit frischen Basilikumstreifen und gerösteten Pinienkernen bestreuen und mit nativem Olivenöl und Balsamico beträufeln.

Eigelb, Schnittlauch, Rucola und Ricotta gut mischen.

Champignons mit den Lamellen nach unten 1 Minute grillen.

Die Ricottamasse auf die Champignons streichen und 3 Minuten überbacken.

Halloumi-Käse längs in dünne Scheiben schneiden.

Zitronensaft, Öl und Basilikum mischen und über die gekochten Nudeln geben.

Bohnen 30 Sekunden in kochendem Wasser blanchieren, dann schälen.

Halloumi und Tomatenviertel auf jeder Seite 30 Sekunden braten.

Fettuccine mit Saubohnen und Halloumi

Vorbereitungszeit: 15 Min.
Garzeit: 12 Min.
Für 1 Person

100 g Fettuccine
1 EL Zitronensaft
1 EL Olivenöl
2 TL frisch gehacktes Basilikum
40 g Saubohnen (frisch oder tiefgekühlt)
100 g Halloumi-Käse, in dünne Scheiben geschnitten
2 Flaschentomaten, geviertelt
Olivenöl, zusätzlich, zum Bestreichen
frisches Basilikum, zum Garnieren

1 Fettuccine in einem großen Topf mit Salzwasser al dente garen. Abgießen und in eine Schüssel geben.
2 Zitronensaft, Olivenöl und Basilikum in einem kleinen Messbecher verrühren und über die Nudeln geben. Mit Salz und Pfeffer würzen und gut umrühren.
3 Saubohnen 30 Sekunden in kochendes Wasser geben, dann abgießen und mit kaltem Wasser abschrecken. Die harte äußere Schale entfernen.
4 Halloumi und Tomatenviertel mit zusätzlichem Olivenöl bestreichen. In einer Grillpfanne bei starker Hitze auf jeder Seite 30 Sekunden braten und leicht bräunen.
5 Zum Servieren die Tomaten und Saubohnen unter die Nudeln mischen. Halloumi und Basilikumblätter darüber geben und mit Salz und frisch gemahlenem Pfeffer würzen.

Nährwert pro Portion
Eiweiß 35 g; Fett 45 g; Kohlenhydrate 75 g; Cholesterin 53 mg; 3642 kJ (870 kcal)

Schnelles Lachssoufflé

Vorbereitungszeit: 10 Min.
Backzeit: 30 Min.
Für 1 Person

25 g Semmelbrösel
60 ml Sahne
1 Ei, leicht verquirlt
½ TL frischer, fein gehackter Dill
1 TL frisch gehackter Schnittlauch
50 g Lachs aus der Dose, abgegossen und in kleine Stücke zerteilt
¼ TL Zitronensaft

1 Backofen auf 200 °C vorheizen. Eine kleine Souffléform (325 ml) dünn einfetten. Semmelbrösel, Sahne, Dill und Schnittlauch in einer Schüssel verrühren und 2 Minuten stehen lassen. Das Ei, den Lachs und den Zitronensaft zufügen und gut untermischen. Mit Salz und Pfeffer würzen.
2 In die vorbereitete Form geben und 30 Minuten goldgelb backen. Sofort servieren.

Nährwert pro Portion
Eiweiß 22 g; Fett 37 g; Kohlenhydrate 18 g; Cholesterin 295 mg; 2060 kJ (490 kcal)

TIPP
Für 25 g frische Semmelbrösel 1 Scheibe Weißbrot im Mixer zerkleinern.

Den abgetropften Lachs vorsichtig mit einer Gabel in Stücke teilen.

Ei, Lachs und Zitronensaft zu der Masse geben und gut untermischen.

Das Soufflé bei 200 °C im Ofen 30 Minuten goldgelb backen.

Bruschetta mit Fetakäse und Kirschtomaten

Vorbereitungszeit: 15 Min.
Gar- und Backzeit: 7 Min.
Für 1 Person

60 g Ricotta
50 g Fetakäse, zerbröckelt
2 TL frische, grob gehackte Basilikumblätter
¼ Weißbrot
2 TL Olivenöl
¼ rote Zwiebel, fein gewürfelt
125 g Kirschtomaten, halbiert
frische Basilikumblätter, zusätzlich

1 Den Ricotta, den Fetakäse und das gehackte Basilikum in einer Schüssel gut mischen und würzen.
2 Das Weißbrot in 2–3 Scheiben schneiden. Auf einem Backblech bei starker Hitze unter dem Backofengrill auf beiden Seiten 1 Minute goldbraun rösten.
3 Öl in einer kleinen Pfanne erhitzen. Zwiebel darin auf mittlerer Stufe 3 Minuten glasig dünsten. Tomaten und zusätzliche Basilikumblätter zugeben und 2 Minuten garen. Mit Salz und frisch gemahlenem schwarzem Pfeffer würzen.
4 Die Toasts mit der Käsemasse bestreichen und die Tomaten-Basilikum-Mischung darauf anrichten.

Nährwert pro Portion
Eiweiß 22 g; Fett 28 g; Kohlenhydrate 40 g; Cholesterin 55 mg; 2098 kJ (500 kcal)

Ricotta, Fetakäse und Basilikum in einer Schüssel gut mischen.

Das Weißbrot in 2–3 dicke Scheiben schneiden.

Tomaten und Basilikum in die Pfanne geben und 2 Minuten garen.

Garnelen-Mango-Salat

Vorbereitungszeit: 20 Min.
Garzeit: keine
Für 1 Person

2 große Blätter Eisbergsalat, gewaschen und trocken getupft
8 gekochte Garnelen, geschält und ohne Darm
½ Mango, grob gewürfelt
½ Avocado, grob gewürfelt
1 Frühlingszwiebel, diagonal in dünne Ringe geschnitten
1 TL frische, in feine Streifen geschnittene Minzblätter
1 EL Limettensaft

1 Ein Eisberg-Salatblatt in feine Streifen schneiden. In eine Schüssel geben und gründlich mit den gesäuberten Garnelen, Mango, Avocado, den Frühlingszwiebelringen, Minzblättern und Limettensaft mischen.

2 Den Garnelensalat auf dem anderen Salatblatt anrichten und servieren.

Nährwert pro Portion

Eiweiß 47 g; Fett 29 g; Kohlenhydrate 12 g; Cholesterin 298 mg; 2078 kJ (495 kcal)

TIPP

Für ein köstliches Dressing 1 TL Limettensaft und 1 EL Mayonnaise verrühren.

Garnelen den Rücken entlang aufschneiden und den Darm entfernen.

Die Garnelen mit den restlichen Salatzutaten mischen.

Den Garnelensalat zum Servieren in das zweite Salatblatt geben.

Kartoffel-Karotten-Plätzchen mit Tunfisch

Vorbereitungszeit: 15 Min.
Kühlzeit: 20 Min.
Garzeit: 20 Min.
Für 1 Person

200 g Kartoffeln
1 kleine Dose (95 g) Tunfisch, abgetropft
1 Frühlingszwiebel, fein gehackt
1 kleine (40 g) Karotte, gerieben
1 EL frische, fein gehackte glatte Petersilie
1 TL geriebene Zitronenschale
Mehl, zum Bestäuben
1 Ei, leicht verquirlt
50 g Semmelbrösel
Öl, zum Frittieren

1 Die Kartoffeln in einem Topf mit leicht gesalzenem Wasser 20 Minuten kochen. Abgießen und zerstampfen.

2 Den Tunfisch in eine kleine Schüssel geben und mit einer Gabel in kleine Stücke zerteilen. Frühlingszwiebel, Karotte, Petersilie, Zitronenschale und die gestampften Kartoffeln zugeben. Alles gut mischen und zu zwei flachen Plätzchen formen.

3 Die Plätzchen in Mehl wenden, in Ei tauchen und mit Semmelbröseln panieren. Auf einen Teller legen und abgedeckt 20 Minuten kalt stellen.

4 Eine kleine Pfanne mit reichlich Öl füllen und erhitzen. Die Plätzchen darin auf beiden Seiten 2–3 Minuten braten. Auf Küchenpapier abtropfen lassen und heiß mit Remouladensauce, Zitronenspalten und grünem Salat servieren.

Nährwert pro Portion
Eiweiß 42 g; Fett 29 g; Kohlenhydrate 65 g; Cholesterin 230 mg; 2878 kJ (687 kcal)

Tunfisch, Zwiebel, Kartoffeln, Karotte, Petersilie und Zitronenschale mischen.

Plätzchen erst in Mehl, dann in Ei wenden und mit Semmelbröseln panieren.

Die Plätzchen in einer kleinen Pfanne auf beiden Seiten 2–3 Minuten braten.

Kleine Maispfannkuchen mit Tomaten-Salsa

Vorbereitungszeit: 15 Min.
Ruhezeit: 10 Min.
Garzeit: 6 Min.
Für 1 Person

2 TL Olivenöl
¼ kleine Zwiebel, fein gewürfelt
1 dicke Scheibe Schinkenspeck, fein gewürfelt
30 g Mehl
¼ TL Backpulver
50 g Polenta
1 kleine Dose (75 g) Mais, abgegossen
100 ml Milch
1 EL Olivenöl, zusätzlich

Tomaten-Salsa
1 reife Tomate, entkernt und fein gewürfelt
¼ kleine Salatgurke, entkernt und fein gewürfelt
2 TL frisch gehackter Schnittlauch
2 TL Balsamico-Essig

1 Das Olivenöl in einer kleinen Pfanne erhitzen. Die Zwiebelwürfel mit dem Speck darin auf mittlerer Stufe 3–4 Minuten glasig dünsten. Vom Herd nehmen und abkühlen lassen.
2 Mehl und Backpulver in eine Schüssel sieben und die Polenta unterrühren. Den Mais und die Zwiebelmischung zugeben und alles gründlich vermengen. Die Milch zugießen und kurz verrühren. 10 Minuten ruhen lassen.
3 Zusätzliches Öl in einer großen beschichteten Pfanne erhitzen. Den Teig in 3 Portionen nebeneinander in die Pfanne geben. Die Pfannkuchen bei mittlerer Hitze 1 Minute backen, dann wenden und weitere 30–60 Sekunden goldbraun backen. Auf Küchenpapier abtropfen lassen.
4 Für die Salsa Tomate, Gurke, Schnittlauch und Balsamico in einer kleinen Schüssel gut mischen. Mit den Maispfannkuchen und einem grünen Salat sofort servieren.

Nährwert pro Portion
Eiweiß 22 g; Fett 37 g; Kohlenhydrate 80 g; Cholesterin 33 mg; 3070 kJ (735 kcal)

Gurke halbieren und die Kerne mit einem Teelöffel herauskratzen.

Milch zu der Pfannkuchenmischung geben und 10 Minuten ruhen lassen.

Die Maispfannkuchen auf beiden Seiten 1 Minute backen.

Tomate, Gurke, Schnittlauch und Balsamico-Essig mischen.

Croque Monsieur

Vorbereitungszeit: 10 Min.
Garzeit: 10 Min.
Für 1 Person

1 TL Öl
2 Eier
4 Scheiben Toast- oder Weißbrot
1 EL Dijon-Senf
100 g Kochschinken mit Honigglasur, in sehr dünne Scheiben geschnitten
50 g Jarlsberg- oder Schweizer Käse, in sehr dünne Scheiben geschnitten
15 g Butter, zimmerwarm

1 Öl in einer beschichteten Pfanne erhitzen und Spiegeleier darin braten (Garzeit nach Wunsch). Die Brotscheiben mit Senf bestreichen.
2 Auf 2 Brotscheiben jeweils die Hälfte des Schinkens, des Käses und 1 Ei geben, dann die beiden anderen Scheiben darauf legen. Die Scheiben außen buttern.
3 Die Pfanne nochmals erhitzen, Sandwiches vorsichtig hineingeben, auf Wunsch mit einem Teller beschweren und bei mittlerer Hitze auf beiden Seiten 2–3 Minuten knusprig und goldbraun braten. Sofort servieren.

Nährwert pro Portion
Eiweiß 50 g; Fett 47 g; Kohlenhydrate 28 g; Cholesterin 495 mg; 3100 kJ (740 kcal)

TIPP

Croque Monsieur lässt sich auch gut mit einem Sandwichtoaster zubereiten.
Variation: Für Croque Madame den Schinken durch gegartes Hühnerfleisch ersetzen.

Spiegeleier in einer beschichteten Pfanne nach Wunsch braten.

Brotscheiben mit Dijon-Senf bestreichen und mit Schinken, Ei und Käse belegen.

Die Sandwiches auf beiden Seiten knusprig und goldbraun braten.

Nudel- und Reisgerichte

Penne mit Süßkartoffeln und Prosciutto

Vorbereitungszeit: 10 Min.
Garzeit: 15 Min.
Für 1 Person

125 g Penne
150 g rote Süßkartoffel, grob gewürfelt
1 EL natives Olivenöl extra
2 Frühlingszwiebeln, in Ringe geschnitten
1 kleine Knoblauchzehe, zerdrückt
2 dünne Scheiben Prosciutto, in feine Streifen geschnitten
30 g getrocknete Tomaten in Öl, abgetropft und in Streifen geschnitten
1–2 EL frische, in dünne Streifen geschnittene Basilikumblätter

1 Penne in einem großen Topf mit Salzwasser al dente garen. Abgießen und zurück in den Topf geben.
2 Unterdessen die Süßkartoffel 5 Minuten dämpfen. Öl in einem Topf erhitzen. Frühlingszwiebeln, Knoblauch und die Süßkartoffel darin auf mittlerer Stufe unter Rühren 2–3 Minuten anbraten. Prosciutto und Tomaten zufügen und 1 weitere Minute garen.
3 Die Süßkartoffelmischung unter die Nudeln heben und auf niedriger Stufe erhitzen. Basilikum zufügen und mit frisch gemahlenem schwarzem Pfeffer würzen. Sofort mit knusprigem Brot und einem grünen Blattsalat servieren.

Nährwert pro Portion
Eiweiß 20 g; Fett 20 g; Kohlenhydrate 115 g; Cholesterin 5 mg; 3065 kJ (732 kcal)

TIPP
Rote Süßkartoffeln haben eine rötliche Schale und lachsfarbenes Fleisch.

Frühlingszwiebeln, Knoblauch und Süßkartoffel 2–3 Minuten anbraten.

Die Süßkartoffelmischung zu den gekochten Nudeln geben und erhitzen.

Spaghetti Boscaiola

Vorbereitungszeit: 10 Min.
Garzeit: 15 Min.
Für 1 Person

150 g Spaghetti
2 TL Öl
1 dicke Scheibe Schinkenspeck, klein geschnitten
50 g Champignons, in Scheiben geschnitten
125 ml Sahne
2 TL frisch gehackte glatte Petersilie
1 Frühlingszwiebel, in Ringe geschnitten
geriebener Parmesan, zum Servieren

1 Spaghetti in Salzwasser al dente garen. Abgießen, zurück in den Topf geben und warm stellen.
2 Unterdessen das Öl in einer Pfanne erhitzen. Speck und Champignons darin auf mittlerer Stufe unter Rühren 5 Minuten bräunen.
3 Die Sahne zugießen und mit einem Löffel evtl. Bratensatz vom Pfannenboden lösen. Die Mischung aufkochen und bei starker Hitze 5 Minuten köchelnd eindicken lassen.
4 Frühlingszwiebeln unterrühren und mit Salz und gemahlenem schwarzem Pfeffer würzen. Die Sauce über die Nudeln geben und untermengen. Mit gehackter Petersilie und geriebenem Parmesan bestreuen. Mit einem grünen Salat und knusprigem Brot servieren.

Nährwert pro Portion
Eiweiß 20 g; Fett 67 g; Kohlenhydrate 109 g; Cholesterin 190 mg; 4767 kJ (1140 kcal)

TIPP
Den frisch geriebenen Parmesan in einem luftdichten Behälter im Gefrierschrank aufbewahren.

Speck und Champignons in einer Pfanne goldbraun braten.

Sauce zum Kochen bringen und 5 Minuten eindicken lassen.

Die Boscaiola-Sauce über die gekochten Spaghetti geben und untermengen.

Pesto-Pasta

Vorbereitungszeit: 10 Min.
Garzeit: 15 Min.
Für 1 Person

150 g Spaghetti
1 EL Pinienkerne
2 EL fein geriebener Parmesan
60 g frische Basilikumblätter
2 kleine Knoblauchzehen, zerdrückt
1–2 EL Olivenöl
geriebener Parmesan, zusätzlich, zum Servieren

1 Spaghetti in einem großen Topf mit Salzwasser al dente garen. Abgießen und warm stellen.
2 Unterdessen für das Pesto die Pinienkerne in einer Pfanne ohne Fett 2–3 Minuten leicht braun rösten. Den Parmesan, das Basilikum, die Knoblauchzehen und die Pinienkerne im Mixer fein zerhacken. Bei laufendem Gerät langsam das Olivenöl in einem dünnen Strahl zugießen. Mit Salz und Pfeffer würzen.
3 Das Pesto zu den Spaghetti geben und sorgfältig untermengen. Den zusätzlichen geriebenen Parmesan darüber streuen und servieren.

Nährwert pro Portion
Eiweiß 30 g; Fett 64 g; Kohlenhydrate 107 g; Cholesterin 28 mg; 4705 kJ (1125 kcal)

Pinienkerne in einer Pfanne ohne Fett leicht bräunen.

Pinienkerne, Parmesan, Basilikum und Knoblauch im Mixer fein hacken.

Das Pesto zu den gekochten Spaghetti geben und gut umrühren.

Rigatoni mit Hühnerstreifen in Tomaten-Sahnesauce

Vorbereitungszeit: 5 Min.
Garzeit: 20 Min.
Für 1 Person

125 g Rigatoni
1 TL Olivenöl
1 Hühnerbrustfilet, in dünne Streifen geschnitten
1 reife Tomate, gewürfelt
50 g sonnengetrocknete Tomaten in Öl, in dünne Streifen geschnitten
2 TL Tomatenpaste aus sonnengetrockneten Tomaten (siehe TIPP)
10 kleine frische Basilikumblätter
100 ml Sahne
50 ml Hühnerbrühe

1 Rigatoni in einem großen Topf mit Salzwasser al dente garen. Sorgfältig abgießen und unter fließendem Wasser abspülen.
2 Unterdessen Olivenöl in einer großen Pfanne erhitzen. Hühnerbruststreifen hineingeben und bei starker Hitze auf jeder Seite 4 Minuten anbraten. Aus der Pfanne nehmen und warm stellen.
3 Tomate, getrocknete Tomaten, Tomatenpaste und die Hälfte der Basilikumblätter in die Pfanne geben. Bei mittlerer Hitze 5 Minuten garen. Sahne und Hühnerbrühe zugießen und unter ständigem Rühren aufkochen.
4 Den Herd herunterschalten und die Hühnerbruststreifen zurück in die Pfanne geben. Rigatoni zufügen und mit frisch gemahlenem schwarzem Pfeffer würzen. Nudeln und Fleisch gut erhitzen. Mit den restlichen Basilikumblättern bestreuen und sofort mit knusprigem Brot servieren.

Nährwert pro Portion
Eiweiß 45 g; Fett 50 g; Kohlenhydrate 90 g; Cholesterin 195 mg; 4227 kJ (1010 kcal)

TIPP
Tomatenpaste aus sonnengetrockneten Tomaten ist in gut sortierten Supermärkten erhältlich. Alternativ in Öl eingelegte, getrocknete Tomatenhälften mit etwas Öl im Mixer zu einer glatten Paste verarbeiten.

Die gekochten Rigatoni abgießen und unter fließendem Wasser abspülen.

Hühnerbruststreifen bei starker Hitze anbraten und bräunen lassen.

Tomate, getrocknete Tomaten, Tomatenpaste und Basilikum garen.

Die Hühnerstreifen zurück in die Pfanne geben und die Rigatoni untermischen.

Nudeln mit Räucherlachs

Vorbereitungszeit: 10 Min.
Garzeit: 15 Min.
Für 1 Person

125 g Spiralnudeln
1 TL Olivenöl
1 Frühlingszwiebel, fein gehackt
50 g Champignons, in Scheiben geschnitten
60 ml trockener Weißwein
100 ml Sahne
2 TL frischer, fein gehackter Dill
1 TL Zitronensaft
25 g Parmesan, gerieben
50 g Räucherlachs, in feine Streifen geschnitten
gehobelter Parmesan, zum Garnieren
Zitronenspalten, zum Servieren

1 Nudeln in einem großen Topf mit Salzwasser al dente garen. Vorsichtig abgießen, zurück in den Topf geben und warm stellen.
2 Unterdessen das Öl in einem kleinen Topf erhitzen. Die Frühlingszwiebel und die Champignons darin auf mittlerer Stufe 1–2 Minuten anbraten. Wein und Sahne zugießen und aufkochen, dann den Herd herunterschalten und alles 1 Minute köcheln lassen.
3 Die Champignonsauce über die Nudeln geben. Dill und Zitronensaft untermischen. Parmesan zufügen und unter Rühren gut erhitzen. Topf vom Herd nehmen und den Räucherlachs untermischen. Mit frisch gemahlenem schwarzem Pfeffer würzen und mit gehobeltem Parmesan garnieren. Vor dem Servieren den Teller mit Zitronenspalten garnieren.

Nährwert pro Portion
Eiweiß 40 g; Fett 60 g; Kohlenhydrate 90 g; Cholesterin 184 mg; 4608 kJ (1101 kcal)

Frühlingszwiebel und Champignons bei mittlerer Hitze anbraten.

Wein und Sahne zugießen und zum Kochen bringen.

Den Räucherlachs unter die Nudeln mischen, damit er warm wird.

Fettuccine mit Röstkürbissauce

Vorbereitungszeit: 15 Min.
Gar- und Backzeit: 45 Min.
Für 1 Person

500 g Kürbis
Olivenöl, zum Bestreichen
125 g Fettuccine oder Bandnudeln
1 Prise gemahlener Muskat
2 EL fein geriebener Parmesan
60 g Crème fraîche
75 ml Hühnerbrühe
1 EL frisch gehackter Schnittlauch
1 Frühlingszwiebel, fein gehackt

1 Den Backofen auf 200 °C vorheizen. Den Kürbis schälen, entkernen und in 2 cm große Stücke schneiden. Die Kürbisstücke auf ein Backblech legen und dünn mit Olivenöl bestreichen. 45 Minuten im Ofen rösten. Danach leicht abkühlen lassen.

2 Fettuccine in einem großen Topf mit Salzwasser al dente garen, dann abgießen. Zurück in den Topf geben und warm stellen.

3 Den Kürbis mit Muskat, Parmesan, Crème fraîche und Brühe im Mixer zu einer glatten Sauce verarbeiten.

4 Die Kürbissauce unter die Nudeln mischen. Schnittlauch und Frühlingszwiebel zufügen und auf niedriger Stufe erhitzen. Mit Salz und frisch gemahlenem Pfeffer würzen, auf Tellern anrichten und sofort servieren.

Nährwert pro Portion
Eiweiß 35 g; Fett 45 g; Kohlenhydrate 123 g; Cholesterin 100 mg; 4359 kJ (1040 kcal)

Kürbisstücke auf ein Backblech legen und im Ofen leicht bräunen.

Kürbis, Muskat, Parmesan, Sahne und Brühe in den Mixer geben.

Die Kürbissauce unter die gekochten Nudeln mischen.

Spaghetti mit Ofentomaten, Fetakäse und Rucola

Vorbereitungszeit: 15 Min.
Gar- und Backzeit: 1 Std.
Für 1 Person

2 TL Olivenöl
¼ TL getrockneter Oregano
1 Knoblauchzehe, fein gehackt
2 Flaschentomaten, halbiert
100 g Spaghetti
1 Scheibe Prosciutto
4 schwarze Oliven
50 g Fetakäse, in mundgerechte Würfel geschnitten
1 TL Balsamico-Essig
1½ EL Olivenöl, zusätzlich
1 Knoblauchzehe, in dünne Scheiben geschnitten, zusätzlich
15 g Rucolablätter, gewaschen und geputzt

1 Den Backofen auf 150 °C vorheizen. Das Olivenöl, den Oregano, den Knoblauch und ¼ TL Salz gründlich in einer Schüssel verrühren. Die Tomatenhälften vorsichtig in der Marinade wenden und die Mischung in die Schnittflächen reiben. Tomaten mit der Schnittfläche nach oben auf ein mit Backpapier ausgelegtes Backblech setzen und 1 Stunde im Ofen garen.

2 Unterdessen die Spaghetti in einem großen Topf mit Salzwasser al dente garen. Abgießen und warm stellen. Prosciutto unter dem Backofengrill bei starker Hitze unter einmaligem Wenden 3–4 Minuten knusprig rösten. In kleine Stücke brechen.

3 Tomaten, Oliven, Fetakäse, Spaghetti und Balsamico in einer Schüssel mischen und warm stellen.

4 Das zusätzliche Olivenöl in einem kleinen Topf erhitzen und die Knoblauchscheiben darin bei schwacher Hitze 1–2 Minuten braten (nicht verbrennen lassen!).

5 Knoblauch mitsamt Öl über die Spaghetti-Mischung geben. Rucola zufügen und gut umrühren. Mit den Prosciutto-Stücken bestreuen, mit Salz und Pfeffer würzen. Sofort servieren.

Nährwert pro Portion
Eiweiß 14 g; Fett 40 g; Kohlenhydrate 75 g; Cholesterin 2,5 mg; 3020 kJ (720 kcal)

Olivenöl, Oregano, Knoblauch und Salz auf die Tomatenschnittflächen reiben.

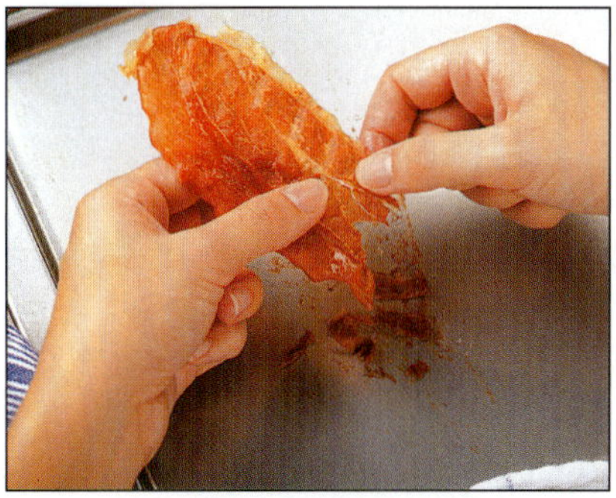

Prosciutto knusprig grillen, dann in kleine Stücke brechen.

Tomaten, Oliven, Fetakäse, Spaghetti und Balsamico in einer Schüssel mischen.

Nudelauflauf mit knusprigen Speckröllchen

Vorbereitungszeit: 10 Min.
Gar- und Backzeit: 15 Min.
Für 1 Person

125 g Hörnchennudeln
15 g Butter
3 TL Mehl
200 ml Milch
75 g Gouda, gerieben
3 Kirschtomaten, halbiert
2 dicke Scheiben Schinkenspeck

1 Eine Auflaufform (500 ml) leicht einfetten. Nudeln in einem großen Topf mit Salzwasser al dente garen. Abgießen, zurück in den Topf geben und warm stellen.

2 Unterdessen die Butter in einem kleinen Topf bei mittlerer Hitze zerlassen. Mehl darin unter ständigem Rühren 1 Minute anschwitzen. Vom Herd nehmen und langsam die Milch einrühren. Zurück auf den Herd stellen, unter ständigem Rühren aufkochen und eindicken lassen. Gouda unterrühren. Hitze reduzieren und 3 Minuten köcheln lassen. Mit Salz und Pfeffer würzen. Die Nudeln unter die Sauce mischen. In die vorbereitete Form geben und die Tomatenhälften darauf verteilen.

3 Schinkenspeck längs halbieren, aufrollen und mit einem Zahnstocher fest stecken. Den Auflauf und die Speckröllchen auf ein Blech setzen und unter dem Backofengrill bei starker Hitze 5–6 Minuten überbacken (die Röllchen nach der Hälfte der Zeit einmal wenden). Zahnstocher entfernen und die Röllchen auf den Auflauf legen. Sofort servieren.

Nährwert pro Portion
Eiweiß 45 g; Fett 46 g; Kohlenhydrate 100 g; Cholesterin 150 mg; 4130 kJ (987 kcal)

Die gekochten Hörnchennudeln unter die Sauce rühren.

Schinkenspeck halbieren, aufrollen und mit einem Zahnstocher fest stecken.

Überbacken, bis der Speck knusprig und der Käse goldbraun ist.

Lasagneplatten auf die Größe der vorbereiteten Form zuschneiden.

Tomaten und Champignon mit Öl und Thymian beträufeln und im Ofen rösten.

Spinat, saure Sahne und Schlagsahne unter die Lauchmischung rühren.

Die zweite Lasagneplatte darauf legen und den restlichen Lauch darüber geben.

Lauch-Spinat-Lasagne

Vorbereitungszeit: 20 Min.
Gar- und Backzeit: 45 Min.
Für 1 Person

2 frische Lasagneplatten
2 Flaschentomaten, halbiert
1 großer (100 g) Champignon, Stiel entfernt
1 EL natives Olivenöl extra
1 TL frischer, fein gehackter Thymian
25 g Butter
1 Porreestange, in dünne Ringe geschnitten
1 Knoblauchzehe, zerdrückt
1 Paket (250 g) Tiefkühl-Blattspinat, aufgetaut und gehackt
50 g saure Sahne
75 ml Schlagsahne
175 g fettarmer Ricottakäse
1 Ei, leicht verquirlt
30 g Gouda, gerieben

1 Backofen auf 200 °C vorheizen. Eine kleine Auflaufform (500 ml) leicht einfetten. Lasagneplatten auf die Größe der vorbereiteten Form zuschneiden.

2 Tomaten und den Champignon mit der Schnittfläche bzw. den Lamellen nach oben auf ein Backblech legen. Öl und Thymian in einer Schüssel verrühren und über die Tomaten und den Pilz träufeln. Mit Salz und Pfeffer würzen. 15 Minuten im Ofen rösten, dann wenden und weitere 10 Minuten rösten. In grobe Stücke schneiden.

3 Unterdessen die Butter in einer Pfanne zerlassen. Lauch und Knoblauch darin bei mittlerer Hitze 2–3 Minuten weich dünsten. Spinat ausdrücken und mit saurer Sahne und Schlagsahne zur Lauchmischung geben. Gut umrühren, dann zum Kochen bringen und 5 Minuten leicht einkochen lassen. Die Tomaten- und Pilzstücke untermischen.

4 Den Boden der Form mit einer Lasagneplatte auslegen. Die Hälfte der Spinatmischung darüber geben. Die zweite Platte darauf legen und die restliche Spinatmischung darüber schichten. Ricotta und Ei verrühren und auf dem Spinat verstreichen. Mit Gouda bestreuen. Auf einem Backblech 20 Minuten goldgelb backen. Aus dem Ofen nehmen und servieren.

Nährwert pro Portion
Eiweiß 58 g; Fett 102 g; Kohlenhydrate 60 g; Cholesterin 435 mg; 5833 kJ (1393 kcal)

Nudeln mit Rindswürstchen

Vorbereitungszeit: 10 Min.
Garzeit: 15 Min.
Für 1 Person

40 g Spiralnudeln
1 dickes Rindswürstchen
2 TL Olivenöl
1 kleine rote Zwiebel, in Spalten geschnitten
100 g küchenfertige Tomatensauce
1 kleine reife Tomate, gehäutet, entkernt und gewürfelt
1 EL frisch gehackte glatte Petersilie

1 Nudeln in einem großen Topf mit Salzwasser al dente garen. Abgießen, 60 ml des Nudelwassers aufbewahren.
2 Unterdessen das Würstchen rundherum mit einer Gabel einstechen. Eine beschichtete Pfanne erhitzen und das Würstchen darin auf mittlerer Stufe unter häufigem Wenden 5 Minuten braten. Diagonal in dicke Scheiben schneiden und beiseite stellen.
3 Die Pfanne säubern, das Öl zugeben und erhitzen. Zwiebelspalten darin auf mittlerer Stufe 3 Minuten glasig dünsten. Tomaten-Nudelsauce und Tomate zugeben und 3–4 Minuten köcheln lassen. Die Wurstscheiben zufügen und 1 Minute erhitzen.
4 Die Nudeln unter die Sauce mischen – wenn die Sauce zu dick ist, noch etwas Nudelwasser zugeben. Mit Petersilie bestreuen und servieren.

Nährwert pro Portion
Eiweiß 12 g; Fett 18 g; Kohlenhydrate 44 g; Cholesterin 17 mg; 1605 kJ (383 kcal)

Das gebratene Würstchen diagonal in dicke Scheiben schneiden.

Die Tomate mit der Nudelsauce in die Pfanne geben und weich garen.

Die gekochten Nudeln unter die Sauce mischen.

Spaghetti mit Kapern, Tunfisch und Basilikum

Vorbereitungszeit: 10 Min
Garzeit: 15 Min.
Für 1 Person

125 g Spaghetti
2 TL natives Olivenöl extra
1 Knoblauchzehe, zerdrückt
1 EL Kapern, grob gehackt
1 kleine Dose (95 g) Tunfisch in Aufguss, abgetropft und zerteilt
15 g frische Basilikumblätter, klein gezupft
2 Strauchtomaten, grob gewürfelt
2 EL frisch geriebener Parmesan

1 Die Spaghetti in einem großen Topf mit Salzwasser al dente garen. Sorgfältig abgießen und zurück in den Topf geben.
2 Unterdessen das Olivenöl in einem kleinen Topf erhitzen. Den Knoblauch und die Tunfischstücke darin auf mittlerer Stufe 1 Minute erhitzen.
3 Den heißen Tunfisch zusammen mit dem Knoblauch, den gezupften Basilikumblättern, den Tomatenwürfeln, den Kapern und dem geriebenen Parmesan zu den Spaghetti geben und sorgfältig vermischen. Mit Salz und frisch gemahlenem schwarzem Pfeffer würzen. Dazu frisches, knuspriges Brot servieren.

Nährwert pro Portion
Eiweiß 48 g; Fett 20 g; Kohlenhydrate 93 g; Cholesterin 60 mg; 3147 kJ (752 kcal)

Die Strauchtomaten mit einem scharfen Messer klein schneiden.

Knoblauch und Tunfisch auf mittlerer Stufe 1 Minute erhitzen.

Spaghetti, Tunfisch, Basilikum, Tomaten, Kapern und Parmesan mischen.

Garnelen mit Jasminreis

Vorbereitungszeit: 15 Min.
Garzeit: 30 Min.
Für 1 Person

2 TL Erdnussöl
2 Frühlingszwiebeln, in Ringe geschnitten
1½ TL frischer, fein gehackter Ingwer
1 TL in feine Ringe geschnittenes Zitronengras (nur Weißes)
½ TL zerstoßene Koriandersamen (siehe TIPP)
100 g Jasminreis
250 ml Gemüsebrühe
1 TL in feine Streifen geschnittene Limettenschale
250 g Garnelen, geschält, ohne Darm und klein geschnitten
2 TL Limettensaft
3 EL frische Korianderblätter
Fischsauce, nach Wunsch

1 Öl in einem Topf erhitzen, die Frühlingszwiebeln darin auf niedriger Stufe 4–5 Minuten glasig dünsten. Ingwer, Zitronengras, zerstoßene Koriandersamen und Reis zugeben und 1 Minute unter Rühren anschwitzen.
2 Brühe und Limettenschale zufügen und unter Rühren aufkochen. Auf niedrigste Stufe herunterschalten und abgedeckt 15–20 Minuten weich kochen.
3 Vom Herd nehmen und die Garnelen untermischen. Abgedeckt 4–5 Minuten stehen lassen. Limettensaft und Korianderblätter zugeben und den Reis mit einer Gabel auflockern. Nach Wunsch sparsam mit einigen Tropfen Fischsauce beträufeln. Mit gedämpften Zuckerschoten und Limettenspalten servieren.

Nährwert pro Portion
Eiweiß 59 g; Fett 12 g; Kohlenhydrate 80 g; Cholesterin 373 mg; 2850 kJ (681 kcal)

TIPP
Koriandersamen in einem Plastikbeutel mit dem Nudelholz zerstoßen.

Garnelen schälen und den Darm entfernen, dann in Stücke schneiden.

Ingwer, Zitronengras, Koriandersamen und Reis zugeben.

Limettensaft und Korianderblätter zufügen. Den Reis mit einer Gabel lockern.

Gemüse-Risotto

Vorbereitungszeit: 15 Min.
Garzeit: 30 Min.
Für 1 Person

1 EL Olivenöl
½ kleine Zwiebel, fein gewürfelt
1 Knoblauchzehe, fein gehackt
100 g Arborio-Reis
500–625 ml Hühner- oder Gemüsebrühe
½ kleine Zucchini, gewürfelt
½ kleine rote Paprika, gewürfelt
35 g Blattspinat, in dünne Streifen geschnitten
1 EL frisch gehackte glatte Petersilie
2 TL geriebener Parmesan
gehobelter Parmesan, zum Garnieren

1 Öl in einem Topf erhitzen. Zwiebel und Knoblauch darin auf niedriger Stufe 1–2 Minuten glasig dünsten. Reis zugeben und 1 Minute unter Rühren anschwitzen.
2 In einem anderen Topf die Brühe erhitzen und leicht köcheln lassen. 125 ml heiße Brühe zum Reis geben und bei mittlerer Hitze unter ständigem Rühren den Reis die Flüssigkeit aufnehmen lassen. Diesen Schritt mit jeweils 125 ml Brühe wiederholen, bis der Reis nach 20–25 Minuten die ganze Brühe aufgesogen hat und weich ist. Nach Zugabe von 375 ml Brühe die Zucchini, die Paprika und den Spinat untermischen.
3 Vom Herd nehmen. Petersilie und Parmesan unterheben. Mit Salz und Pfeffer würzen und mit dem gehobelten Parmesan und knusprigem Weißbrot servieren.

Nährwert pro Portion
Eiweiß 13 g; Fett 22 g; Kohlenhydrate 95 g; Cholesterin 5 mg; 2645 kJ (630 kcal)

TIPP
Variation: Hühnerbrustfiletstreifen mit der Zwiebel anbraten.

Reis in den Topf geben und unter Rühren anschwitzen.

Die heiße Brühe zum Reis geben und unter Rühren aufnehmen lassen.

Zucchiniwürfel, Paprika und Spinat untermischen.

Chorizo-Pilaw

Vorbereitungszeit: 15 Min.
Ruhezeit: 10 Min.
Garzeit: 25 Min.
Für 1 Person

2 TL Butter
½ Zwiebel, in dünne Ringe geschnitten
1 Knoblauchzehe, zerdrückt
100 g Chorizo, diagonal in dünne Scheiben geschnitten
100 g Langkornreis
1 kleines Lorbeerblatt
250 ml Hühnerbrühe
40 g Tiefkühlerbsen
30 g sonnengetrocknete Paprika in Öl, abgetropft, in dünne Streifen geschnitten
2 Frühlingszwiebeln, fein gehackt
gehobelter Parmesan, zum Garnieren

1 Butter in einem Topf zerlassen. Zwiebel und Knoblauch darin bei mittlerer Hitze 2 Minuten dünsten. Chorizo zufügen und unter Rühren 1 Minute anbraten. Reis mit Lorbeerblatt zugeben und umrühren.
2 Hühnerbrühe zugießen, aufkochen und garen, bis Löcher im Reis sichtbar werden. Rasch umrühren, herunterschalten und abgedeckt 15–20 Minuten gerade weich kochen. Erbsen und Paprikastreifen darüberstreuen. Vom Herd nehmen und abgedeckt 10 Minuten quellen lassen. Frühlingszwiebeln zugeben. Mit einer Gabel lockern und mit Parmesan bestreut servieren.

Nährwert pro Portion
Eiweiß 20 g; Fett 32 g; Kohlenhydrate 11 g; Cholesterin 85 mg; 1705 kJ (405 kcal)

Chorizowurst diagonal in dünne Scheiben schneiden.

Brühe zugießen und kochen, bis im Reis Löcher sichtbar werden.

Erbsen und getrocknete Paprikastreifen über den Reis streuen.

Kedgeree

Vorbereitungszeit: 10 Min.
Garzeit: 25 Min.
Für 1 Person

475 g Langkornreis
150 g geräucherter Kabeljau oder Heilbutt
1 Zitronenscheibe
1 Lorbeerblatt
1 Ei, hart gekocht
15 g Butter
½ kleine Zwiebel, fein gewürfelt
1–2 TL milde Currypaste
1 EL frische, fein gehackte Petersilie
2 EL Sahne

1 Reis in einem kleinen Topf mit kochendem Wasser 10–12 Minuten garen.
2 Fisch, Zitronenscheibe und Lorbeerblatt in einer Pfanne mit Wasser bedecken und 6 Minuten köcheln lassen. Den Fisch vorsichtig mit einer Schaumkelle herausnehmen und in kleine Stücke zerteilen.
3 Das hart gekochte Ei vierteln. Zwei Viertel fein hacken.
4 Butter in einer kleinen Pfanne zerlassen. Zwiebel darin bei mittlerer Hitze glasig dünsten. Currypaste zufügen und 2 Minuten anschwitzen. Reis untermischen und 2–3 Minuten gut erhitzen. Petersilie, Fisch, das gehackte Ei und Sahne unterrühren. Mit den Eiervierteln garnieren, auf Tellern anrichten und mit Toast servieren.

Nährwert pro Portion
Eiweiß 50 g; Fett 38 g; Kohlenhydrate 152 g; Cholesterin 373 mg; 4805 kJ (1148 kcal)

Räucherfisch in einer Pfanne mit köchelndem Wasser 6 Minuten garen.

Currypaste zur gedünsteten Zwiebel geben und 2 Minuten anschwitzen.

Petersilie, Fisch, gehacktes Ei und Sahne unter den Reis rühren.

Einfache Abendessen für jeden Tag

Gebackener Kräuter-Schnapper

Vorbereitungszeit: 15 Min.
Backzeit: 40 Min.
Für 1 Person

½ Zitrone, in Scheiben geschnitten
3 frische Minzzweige, entstielt, Stiele aufbewahren
3 frische Basilikumzweige, entstielt, Stiele aufbewahren
1 Knoblauchzehe, in dünne Scheiben geschnitten
½ TL fein geriebene Zitronenschale
1 ganzer kleiner (400 g) Schnapper, geschuppt und ausgenommen
1 EL Weißwein
1 EL Olivenöl

1 Backofen auf 200 °C vorheizen. 2 Lagen Alufolie auf ein Blech und 2 Blatt Backpapier darauf legen. Die Zitronenscheiben in der Mitte des Backpapiers verteilen.

2 Minz- und Basilikumblätter, Knoblauch und die Hälfte der Zitronenschale in einer Schüssel gut mischen und den Fisch damit füllen. Die aufbewahrten Kräuterstiele auf die Zitronenscheiben legen und den Fisch darauf setzen.

3 Den Schnapper mit der restlichen Zitronenschale bestreuen und mit Salz und Pfeffer würzen. Wein und Öl verrühren und über den Fisch träufeln. Backpapier und Alufolie zu einem Paket zusammenfalten.

4 Im Ofen 30–40 Minuten garen: Das Fleisch sollte weiß sein und sich leicht von den Gräten lösen lassen. Mit Salzkartoffelspalten und einem frischen Salat servieren.

Nährwert pro Portion
Eiweiß 80 g; Fett 26 g; Kohlenhydrate 0,5 g; Cholesterin 244 mg; 2401 kJ (575 kcal)

Fisch mit Minze, Basilikum, Knoblauch und Zitronenschale füllen.

Den Fisch backen, bis das Fleisch weiß ist und sich von den Gräten löst.

Zitronenlamm-Spieße

Vorbereitungszeit: 10 Min.
Marinierzeit: 30 Min
Backzeit: 12 Min.
Für 1 Person

2 EL Zitronensaft
1 EL natives Olivenöl extra
1 kleine Knoblauchzehe, zerdrückt
1 TL frisch gehackter Rosmarin
100 g Lammfilet, in Stücke geschnitten
2 Frühlingszwiebeln, in 2 cm lange Stücke geschnitten
6 gefüllte grüne Oliven
¼ Zitrone, in Viertelscheiben geschnitten

1 Zitronensaft, Olivenöl, Knoblauch und Rosmarin in einer Schüssel verrühren. Lammstücke darin wenden. Mit frisch gemahlenem schwarzem Pfeffer würzen. Abgedeckt unter gelegentlichem Rühren 30 Minuten marinieren.
2 Lammstücke, Frühlingszwiebeln, Oliven und Zitronenstücke abwechselnd auf Spieße stecken und diese auf ein Blech legen.
3 Unter dem Backofengrill bei starker Hitze von jeder Seite 5–6 Minuten grillen und dabei immer wieder mit der Marinade bestreichen. Die Spieße auf einem Reisbett anrichten und mit Naturjogurt servieren.

Nährwert pro Portion
Eiweiß 25 g; Fett 25 g; Kohlenhydrate 3,5 g; Cholesterin 66 mg; 1414 kJ (338 kcal)

TIPP
Holzspieße 30 Minuten in Wasser einweichen oder die Enden in Alufolie einwickeln, damit sie nicht verbrennen.

Lammfiletstücke in die Zitronensaftmarinade geben und gut umrühren.

Das Lamm mit Frühlingszwiebeln, Oliven und Zitronenstücken aufspießen.

Die Spieße beim Grillen mit der Marinade bestreichen.

Udon-Nudeln mit Pak-Choi und Shiitake-Pilzen

Vorbereitungszeit: 10 Min.
Garzeit: 5 Min.
Für 1 Person

1 Kopf (500 g) Mini-Pak-Choi (chinesischer Kohl)
1 EL Öl
4 frische Shiitake-Pilze, geviertelt (siehe TIPP)
50 g Bohnensprossen
200 g frische Udon-Nudeln, in kochendem Wasser blanchiert und gut abgetropft
2 TL Ketjap Manis
1 TL Sojasauce
2 TL Austernsauce
¼ TL Sesamöl
1 Knoblauchzehe, fein gehackt

1 Pak-Choi-Kohl mit zwei Schnitten durch Strunk und Blätter vierteln.
2 Öl in einer Pfanne erhitzen. Pak-Choi-Kohl und Pilze darin auf mittlerer Stufe 2 Minuten anbraten. Mit Bohnensprossen und Nudeln in eine Schüssel geben und umrühren. Warm stellen.
3 Ketjap Manis, Sojasauce, Austernsauce, Sesamöl und den gehackten Knoblauch in einem kleinen Topf auf niedriger Stufe 1–2 Minuten erhitzen. Die Sauce über die Gemüse-Nudel-Mischung geben, gut umrühren und sofort servieren.

Nährwert pro Portion
Eiweiß 30 g; Fett 23 g; Kohlenhydrate 47 g; Cholesterin 0 mg; 2169 kJ (518 kcal)

TIPP
Suchen Sie beim Kauf frischer Shiitake-Pilze möglichst feste, trockene Exemplare mit kräftigem Aroma aus.

Pak-Choi-Kohl längs vierteln, d.h. mit einem Schnitt durch Strunk und Blätter.

Pak-Choi-Kohl und Pilze anbraten, bis der Kohl leicht zerfällt.

Die erhitzte Sauce über das Gemüse und die Nudeln geben und gut umrühren.

Zimt-Ingwer-Huhn mit Birne

Vorbereitungszeit: 10 Min.
Garzeit: 20 Min.
Für 1 Person

1 EL Mehl
etwas Salz und Pfeffer
1 Hühnerbrustfilet
2 TL Olivenöl
10 g Butter
1 kleine Zwiebel, in dünne Ringe geschnitten
½ TL gemahlener Ingwer
½ TL gemahlener Zimt
125 ml Apfelsaft
½ kleiner Hühnerbrühwürfel
1 TL Honig
1 kleine Birne, geschält, entkernt und geviertelt (siehe TIPP)

1 Mehl mit Salz und Pfeffer vermischen. Hühnerfilet darin wälzen, überschüssiges Mehl abschütteln. Öl in einer Pfanne erhitzen. Das Filet bei mittlerer Hitze auf beiden Seiten 2–3 Minuten goldbraun braten. Aus der Pfanne nehmen und warm stellen. Butter in der Pfanne zerlassen. Zwiebel, Ingwer und Zimt darin 2–3 Minuten anschwitzen. Apfelsaft, Brühwürfel und Honig unterrühren. Zum Kochen bringen, dann herunterschalten und 2 Minuten köcheln lassen.

2 Das Filet zurück in die Pfanne geben, die Birnenviertel zufügen und abgedeckt 5 Minuten köcheln lassen. Filet und Birnenviertel wenden und weitere 5 Minuten köcheln lassen.

3 Filet und Birne auf einem vorgewärmten Teller anrichten, die Sauce darüber geben und mit Couscous servieren.

Nährwert pro Portion

Eiweiß 30 g; Fett 20 g; Kohlenhydrate 45 g; Cholesterin 85 mg; 2067 kJ (494 kcal)

TIPP

Kaiser-Alexander-Birnen sind für dieses Rezept ideal. Die Schale sollte zimtbraun, das Fleisch aromatisch, weiß und saftig sein.

Hühnerfilet auf beiden Seiten 2–3 Minuten goldbraun braten.

Apfelsaft, Brühwürfel und Honig zugeben und zum Kochen bringen.

Filet und Birnenviertel wenden und weitere 5 Minuten köcheln lassen.

Bohnen und Knoblauch im Mixer zu einem glatten Püree verarbeiten.

Die marinierten Lammkoteletts auf beiden Seiten 2–3 Minuten braten.

Brühe, Tomatenmark und Zucker zufügen und köcheln lassen.

Lammkoteletts mit Rotweinsauce und Bohnenpüree

Vorbereitungszeit: 20 Min.
Marinierzeit: 30 Min.
Garzeit: 15 Min.
Für 1 Person

1 EL natives Olivenöl extra
1 Knoblauchzehe, in dünne Scheiben geschnitten
2 frische Thymianzweige
2–3 Lammkoteletts
1 Dose (310 g) Cannellini-Bohnen
1 kleine Knoblauchzehe, zerdrückt
200 ml Rinderbrühe
1 EL Olivenöl
75 ml Rotwein
1 EL Tomatenmark
1 EL brauner Zucker
frische Thymianzweige, zusätzlich, zum Servieren

1 Natives Olivenöl, Knoblauch und Thymian in einer Schüssel gut mischen. Die Lammkoteletts in diese Marinade geben und darin wenden. Mit frisch gemahlenem schwarzem Pfeffer würzen und 30 Minuten ziehen lassen.

2 Die Hälfte der Cannellini-Bohnen abspülen, abtropfen lassen und mit der zerdrückten Knoblauchzehe im Mixer glatt pürieren. Bei laufendem Gerät langsam 3 TL Brühe zugeben und zu einem glatten Püree verarbeiten. Mit Salz und frisch gemahlenem schwarzem Pfeffer würzen und in einem kleinen Topf auf niedrigster Stufe erhitzen.

3 Olivenöl in einer kleinen Pfanne auf mittlerer Stufe erhitzen. Die abgetropften Koteletts darin auf beiden Seiten jeweils 2–3 Minuten braten. Aus der Pfanne nehmen und abgedeckt warm stellen.

4 Die Pfanne mit Rotwein ablöschen und evtl. Bratensaft durch Rühren vom Pfannenboden lösen. Die restliche Brühe, Tomatenmark und Zucker in die Pfanne geben, dann den Herd herunterschalten und die Mischung 5 Minuten auf die Hälfte einkochen lassen.

5 Das fertige Bohnenpüree auf einen Teller geben und die warm gestellten Koteletts darauf anrichten. Die Weinsauce darüber gießen und als Garnierung zusätzliche Thymianzweige darauf legen. Als Beilage gedämpften grünen Spargel und knuspriges Brot reichen. Sofort servieren.

Nährwert pro Portion
Eiweiß 44 g; Fett 48 g; Kohlenhydrate 37 g; Cholesterin 72 mg; 3387 kJ (809 kcal)

Marokkanische Rindfleischspieße mit Mandel-Rosinen-Couscous

Vorbereitungszeit: 10 Min.
Marinierzeit: 30 Min.
Gar- und Backzeit: 10 Min.
Für 1 Person

100 g Rumpsteak, in 2 cm große Würfel geschnitten
2 TL Olivenöl
1 Knoblauchzehe, fein gehackt
½ TL gemahlener Kreuzkümmel
¼ TL gemahlener Koriander
1 EL frisch gehackte Korianderblätter
1 TL Zitronensaft
½ Zwiebel, in Spalten geschnitten

Mandel-Rosinen-Couscous

60 g Couscous
75 ml kochende Rinderbrühe
2 EL gehobelte Mandeln, geröstet
2 EL Rosinen oder Sultaninen
1½ TL gemahlener Kreuzkümmel
1 TL gemahlener Koriander

1 Holzspieße 30 Minuten in Wasser einweichen, da sie sonst verbrennen (alternativ können auch Metallspieße verwendet werden). Rumpsteakwürfel, Olivenöl, Knoblauch, Koriander, Kreuzkümmel, Korianderblätter, Zitronensaft und frisch gemahlenen schwarzen Pfeffer nach Geschmack in einer Schüssel gut mischen und 30 Minuten (oder über Nacht) marinieren.
2 Die Steakwürfel abwechselnd mit Zwiebelspalten auf die Spieße stecken. Auf ein Blech legen und unter dem Backofengrill bei starker Hitze auf jeder Seite 3–4 Minuten grillen. Dabei mit der Marinade bestreichen.
3 Das Couscous in eine Schüssel geben, die heiße Rinderbrühe zugießen und 3 Minuten quellen lassen. Mandeln, Rosinen, Kreuzkümmel und Koriander untermischen. Mit Salz und Pfeffer würzen. Mit den Spießen und Naan-Fladenbrot servieren.

Nährwert pro Portion
Eiweiß 30 g; Fett 29 g; Kohlenhydrate 63 g; Cholesterin 67 mg; 2092 kJ (500 kcal)

Steakwürfel, Öl, Gewürze, Koriander, Zitronensaft und Pfeffer mischen.

Die Spieße während des Grillens mit der Marinade bestreichen.

Couscous mit einer Gabel lockern und Mandeln, Rosinen und Gewürze zugeben.

Kokosnudeln mit buntem Röstgemüse

Vorbereitungszeit: 15 Min.
Gar- und Backzeit: 30 Min.
Für 1 Person

100 g Kürbis, in 2½ cm große Stücke geschnitten
1 kleine Karotte, in 2½ cm große Stücke geschnitten
1 Zucchini, in 2½ cm dicke Scheiben geschnitten
1 EL Öl
1 Knoblauchzehe, zerdrückt
200 g Udon- oder asiatische Eiernudeln
1 kleine Zwiebel, gewürfelt
150 ml Kokosmilch
4 EL frische Korianderblätter
1 kleine rote Chilischote, fein gehackt
1 Limette, geviertelt, zum Servieren

1 Den Backofen auf 220 °C vorheizen. Die Kürbis- und Karottenstücke in eine flache Auflaufform legen. Die Hälfte des Öls gründlich mit dem Knoblauch mischen und über das Gemüse geben. 15 Minuten im Ofen rösten. Zucchini zugeben und weitere 15 Minuten rösten.
2 Nudeln in einer Schüssel mit kochendem Wasser bedecken. 5 Minuten stehen lassen, dann abgießen.
3 Unterdessen das restliche Öl in einer Pfanne erhitzen. Zwiebel darin auf mittlerer Stufe goldgelb braten. Kokosmilch, das Röstgemüse und die Nudeln zugeben und 2 Minuten köcheln lassen. Korianderblätter und Chili unterrühren. Mit einem Spritzer Limettensaft servieren.

Nährwert pro Portion
Eiweiß 35 g; Fett 50 g; Kohlenhydrate 162 g; Cholesterin 36 mg; 5238 kJ (1250 kcal)

Die Hälfte des Öls mit dem Knoblauch mischen und über das Gemüse geben.

Nudeln 5 Minuten mit kochendem Wasser bedecken, gut abtropfen lassen.

Kokosmilch, Röstgemüse und Nudeln zugeben und 2 Minuten köcheln lassen.

Gebratenes Stubenküken

Vorbereitungszeit: 10 Min.
Backzeit: 45 Min.
Für 1 Person

1 Stubenküken
½ kleine Zwiebel, geschält
200 g Kartoffeln, gewürfelt
1 Zucchini, längs halbiert
1 EL Olivenöl
½ EL frische Rosmarinblätter
½ TL Mehl
60 ml Rotwein

1 Backofen auf 200 °C vorheizen. Das Stubenküken innen und außen waschen und trockentupfen. Zwiebel in die Bauchhöhle stecken und die Beine des Kükens mit Küchenzwirn zusammenbinden.
2 Die Haut mit Salz und frisch gemahlenem schwarzem Pfeffer einreiben. Das Küken in einen Bräter setzen und Zucchini und Kartoffeln daneben legen. Mit Olivenöl beträufeln und mit Rosmarin bestreuen.
3 Im Ofen 30–40 Minuten goldbraun braten. Küken, Kartoffeln und Zucchini aus dem Bräter nehmen und locker mit Alufolie abgedeckt warm stellen.
4 Überschüssiges Fett vom Bratensaft abschöpfen und den Bräter bei mittlerer Hitze auf den Herd stellen. Mehl und Rotwein mit einem Schneebesen in den Bratensaft einrühren und die Sauce bei starker Hitze eindicken lassen.
5 Zum Servieren den Zwirn entfernen, das Küken tranchieren, mit Kartoffeln und Zucchini auf einem vorgewärmten Teller anrichten und die Sauce darüber geben.

Nährwert pro Portion
Eiweiß 110 g; Fett 40 g; Kohlenhydrate 30 g; Cholesterin 345 mg; 4080 kJ (975 kcal)

TIPP
Stubenküken sind eine hervorragende Alternative zur Zubereitung eines Brathähnchens für eine Person. Die Küken sind etwa 6 Wochen alt und wiegen zwischen 350 g und 500 g. Ihren Namen verdanken diese zarten Junghühner der Tatsache, dass sie früher im Winter tatsächlich in der warmen Stube aufgezogen wurden.

Die Beine des Stubenkükens mit Küchenzwirn zusammenbinden.

Küken und Beilagen mit Olivenöl beträufeln und mit Rosmarin bestreuen.

Küken, Kartoffeln und Zucchini im Ofen 30–40 Minuten goldbraun braten.

Mehl und Wein in den Bräter geben und unter Rühren eindicken lassen.

Schweinefilet im Prosciutto-Kräuter-Mantel

Vorbereitungszeit: 15 Min.
Gar- und Backzeit: 25 Min.
Für 1 Person

3 lange frische Oreganozweige
3 hauchdünne Scheiben Prosciutto, längs zusammengefaltet
200 g Schweinefilet am Stück, von Fett und Sehnen befreit
1 EL Öl
60 ml Weißwein
100 ml Hühnerbrühe
1 EL Worcestersauce

1 Backofen auf 180 °C vorheizen. Oregano und Prosciutto abwechselnd um das Schweinefilet wickeln und mit Zahnstochern befestigen.
2 Öl in einer Pfanne erhitzen. Filet bei starker Hitze auf allen Seiten anbraten. Auf ein Backblech legen und im Ofen 10–15 Minuten fertig garen.
3 Die Pfanne mit Weißwein ablöschen und evtl. Bratensatz durch Rühren vom Pfannenboden lösen. Die Flüssigkeit zum Kochen bringen. Hühnerbrühe und Worcestersauce zugeben und auf die Hälfte einkochen lassen.
4 Zahnstocher entfernen, das Filet klein schneiden, auf einem Teller anrichten und die Sauce darüber geben. Als Beilage Kartoffelpüree und gedämpftes Gemüse servieren.

Nährwert pro Portion
Eiweiß 50 g; Fett 25 g; Kohlenhydrate 5 g; Cholesterin 106 mg; 1935 kJ (460 kcal)

Oregano und Prosciutto um das Filet wickeln und feststecken.

Das angebratene Filet 10–15 Minuten im Ofen fertig garen.

Hühnerbrühe und Worcestersauce in die Pfanne geben und zum Kochen bringen.

Fischsteak mit Orangen-Senf-Dillsauce und knusprigen Kartoffelecken

Vorbereitungszeit: 15 Min.
Gar- und Backzeit: 45 Min.
Für 1 Person

1 mittelgroße Kartoffel
Öl, zum Bestreichen
2 TL Olivenöl
200 g Dorsch- oder Schnappersteak
75 ml Orangensaft
2 TL körniger Senf
2 TL frisch gehackter Dill
1 TL Zitronensaft

1 Backofen auf 200 °C vorheizen. Die Kartoffel in 6 Spalten schneiden. In eine kleine Auflaufform legen, dünn mit Öl bestreichen und mit Salz würzen. Im Ofen 45 Minuten goldbraun und knusprig backen.
2 Unterdessen das Olivenöl in einer kleinen Pfanne erhitzen. Fischsteak darin bei mittlerer Hitze auf beiden Seiten 3 Minuten goldbraun braten. Vom Herd nehmen und warm stellen.
3 Orangensaft, Senf, Dill und Zitronensaft in einem kleinen Topf zum Kochen bringen, dann herunterschalten und 1 Minute köcheln und leicht eindicken lassen. Die Sauce über das Fischsteak geben. Mit den knusprigen Kartoffelecken servieren.

Nährwert pro Portion
Eiweiß 46 g; Fett 16 g; Kohlenhydrate 35 g; Cholesterin 122 mg; 2232 kJ (533 kcal)

Die Kartoffel halbieren und dann jede Hälfte in drei Spalten schneiden.

Fischsteak auf beiden Seiten 3 Minuten goldbraun braten.

Die Sauce zum Kochen bringen, dann herunterschalten und eindicken lassen.

Kichererbsenbratlinge mit Gurken-Tomaten-Salat

Vorbereitungszeit: 20 Min.
Garzeit: 15 Min.
Für 1 Person

2 TL Olivenöl
1 kleine Zwiebel, fein gewürfelt
1 Knoblauchzehe, fein gehackt
1 TL gemahlener Kreuzkümmel
½ TL gemahlener Koriander
1 Prise Cayennepfeffer
1 Dose (300 g) Kichererbsen, abgetropft
2 EL frisch gehackte Petersilie
2 TL Zitronensaft
1 EL Mehl
¼ TL Backpulver
1 Eiweiß
Olivenöl, zusätzlich, zum Braten

Gurken-Tomaten-Salat
1 kleine Tomate, gewürfelt
1 kleine Salatgurke, gewürfelt
1 Frühlingszwiebel, in feine Ringe geschnitten
2 TL frische, fein gehackte glatte Petersilie
2 TL Zitronensaft

1 Das Olivenöl in einer kleinen beschichteten Pfanne erhitzen. Zwiebel darin auf mittlerer Stufe 5 Minuten glasig dünsten. Knoblauch und Gewürze zufügen und 2 Minuten anschwitzen.
2 Kichererbsen, Petersilie, Zitronensaft, Mehl, Backpulver, Eiweiß und die Zwiebelmischung im Mixer zu einer glatten Masse verarbeiten. Mit Salz und frisch gemahlenem schwarzem Pfeffer würzen. Die Masse mit mehlbestäubten Händen zu 3 Bratlingen formen und kalt stellen.
3 Für den Salat Tomaten- und Gurkenwürfel, Frühlingszwiebelringe, Petersilie und Zitronensaft mischen. Mit Salz und frisch gemahlenem schwarzem Pfeffer würzen.
4 Das zusätzliche Öl in einer großen Pfanne erhitzen. Die Bratlinge darin auf beiden Seiten 2–3 Minuten goldbraun braten. Mit dem Gurken-Tomaten-Salat servieren.

Nährwert pro Portion
Eiweiß 27 g; Fett 54 g; Kohlenhydrate 57 g; Cholesterin 0 mg; 3459 kJ (826 kcal)

Kichererbsenmasse mit mehlbestäubten Händen zu drei Bratlingen formen.

Tomate, Gurke, Frühlingszwiebel, Petersilie und Zitronensaft mischen.

Die Bratlinge auf beiden Seiten 2–3 Minuten goldbraun braten.

Bœuf Stroganoff

Vorbereitungszeit: 10 Min.
Garzeit: 10 Min.
Für 1 Person

2 TL Olivenöl
10 g Butter
½ Zwiebel, in Ringe geschnitten
75 g Champignons, in Scheiben geschnitten
1 Knoblauchzehe, zerdrückt
150 g Rumpsteak, quer zur Faser in dünne Streifen geschnitten
125 g saure Sahne
1 EL Tomatenmark

1 Die Hälfte des Öls und der Butter in einer kleinen Pfanne erhitzen. Die Zwiebelwürfel darin auf mittlerer Stufe 2 Minuten glasig dünsten. Champignons und Knoblauch zufügen und 3 Minuten anbraten. Aus der Pfanne nehmen und warm stellen.

2 Das restliche Öl und die restliche Butter in der Pfanne erhitzen. Das Fleisch portionsweise auf höchster Stufe anbraten. Champignons und Zwiebel zurück in die Pfanne geben und untermischen.

3 Vom Herd nehmen. Saure Sahne und Tomatenmark unterrühren und mit Salz und Pfeffer würzen. Sofort mit Reis und knusprigem Brot servieren.

Nährwert pro Portion
Eiweiß 45 g; Fett 47 g; Kohlenhydrate 11 g; Cholesterin 205 mg; 2659 kJ (635 kcal)

Champignons und Knoblauch in die Pfanne geben und 3 Minuten anbraten.

Die Rindfleischstreifen portionsweise anbraten.

Vom Herd nehmen und saure Sahne und Tomatenmark unterrühren.

Schweinefilet mit Apfel und Süßkartoffelpüree

Vorbereitungszeit: 10 Min.
Garzeit: 25 Min.
Für 1 Person

½ grüner Apfel, ungeschält
25 g Butter
1 Lauchstange, längs in dünne Streifen geschnitten
½ TL brauner Zucker
2 TL Öl
200 g Schweinefilet am Stück, von Fett und Sehnen befreit
100 g rote Süßkartoffel, gewürfelt
1 TL Mehl
2 TL Dijon-Senf
100 ml Sahne
2 TL frisch gehackter Schnittlauch
1–2 TL Milch

1 Apfel entkernen und in 4–6 Ringe schneiden. Die Hälfte der Butter in einer Pfanne zerlassen. Lauch und Zucker darin 2–3 Minuten anbraten, die Apfelringe zufügen und 5 Minuten braten. Warm stellen.
2 Öl in der Pfanne erhitzen. Das Filet darin bei mittlerer Hitze auf beiden Seiten 3–4 Minuten braten. Aus der Pfanne nehmen, mit Alufolie abgedeckt 5 Minuten ruhen lassen und dann diagonal in dicke Scheiben schneiden.
3 Süßkartoffel in einen Topf mit Wasser geben, aufkochen, dann herunterschalten und 5 Minuten weich köcheln.
4 Mehl und Senf in einer Schüssel verrühren, dann Sahne zufügen. In die Pfanne geben und unter Rühren leicht einkochen lassen. Filet und Schnittlauch zugeben und unter Rühren erhitzen. Mit Salz und Pfeffer würzen.
5 Süßkartoffel abgießen. Milch und restliche Butter zufügen. Mit einer Gabel zerdrücken und mit Salz und frisch gemahlenem Pfeffer würzen. Das Fleisch auf den Lauch und die Apfelringe legen, die Sauce darüber geben. Mit dem Süßkartoffelpüree und gedämpftem Gemüse servieren.

Apfelringe und Porree in einer Pfanne goldbraun braten.

Das gebratene Schweinefilet diagonal in dicke Scheiben schneiden.

Die Senf-Sahne-Mischung in die Pfanne geben und leicht eindicken lassen.

Milch und Butter zu der Süßkartoffel geben und mit einer Gabel zerdrücken.

Nährwert pro Portion
Eiweiß 52 g; Fett 56 g; Kohlenhydrate 34 g; Cholesterin 235 mg; 3512 kJ (840 kcal)

Kalbsschnitzel mit Pilzrahmsauce

Vorbereitungszeit: 10 Min.
Garzeit: 15 Min.
Für 1 Person

25 g Butter
100 g Kalbsschnitzel
1 Frühlingszwiebel, fein gehackt
100 g Champignons, in Scheiben geschnitten
1 EL trockener Sherry
2 TL Mehl
75 ml kochende Rinderbrühe
1 EL Sahne

1 Ein Drittel der Butter in einer beschichteten Pfanne bei mittlerer Hitze zerlassen. Das Schnitzel darin auf beiden Seiten 2 Minuten anbraten. Aus der Pfanne nehmen.

2 Die restliche Butter in der Pfanne zerlassen. Frühlingszwiebel darin 1 Minute weich dünsten. Champignons zufügen und 5 Minuten anbraten. Mit Sherry ablöschen und 1 Minute köcheln lassen. Mit Mehl bestreuen und 1 Minute unter Rühren anschwitzen.

3 Hochschalten, Rinderbrühe zugießen und aufkochen. Das Schnitzel zurück in die Pfanne geben, dann den Herd herunterschalten und alles 1 Minute köcheln lassen. Sahne unterziehen und erhitzen. Mit gedämpftem Gemüse, Kartoffeln und Focaccia servieren.

Nährwert pro Portion
Eiweiß 30 g; Fett 36 g; Kohlenhydrate 9 g; Cholesterin 195 mg; 2063 kJ (493 kcal)

Butter zerlassen und das Kalbsschnitzel auf beiden Seiten 2 Minuten braten.

Mehl über die Champignons streuen und 1 Minute unter Rühren anschwitzen.

Das Schnitzel zurück in die Pfanne geben, Sahne unterrühren und erhitzen.

Huhn in Polentakruste mit Tomaten-Salsa

Vorbereitungszeit: 15 Min.
Garzeit: 10 Min.
Für 1 Person

35 g Polenta
1 EL geriebener Parmesan
1 Ei
1 großes Hühnerbrustfilet
1 EL Olivenöl

Tomaten-Salsa
2 TL Zitronensaft
1 kleine Knoblauchzehe, zerdrückt
½ kleine reife Avocado, gewürfelt
1 Flaschentomate, entkernt und gewürfelt
3 Champignons, in dünne Scheiben geschnitten
2 TL frisch gehackte glatte Petersilie
60 g küchenfertige Tomaten-Salsa

1 Polenta und Parmesan auf einem großen Teller mischen. Ei in einem tiefen Teller leicht verquirlen. Das Hühnerbrustfilet darin wenden, das überschüssige Ei abtropfen lassen, dann in der Polentamischung panieren und überschüssige Panade abschütteln.
2 Das Olivenöl in einer Pfanne erhitzen. Das Hühnerbrustfilet darin bei mittlerer Hitze auf beiden Seiten 5 Minuten goldbraun braten (herunterschalten, wenn es zu dunkel wird). Auf Küchenpapier sorgfältig abtropfen lassen.
3 Für die Tomaten-Salsa den Zitronensaft mit dem Knoblauch gründlich in einer Schüssel verrühren. Die Avocadowürfel, Tomate, Champignonscheiben, gehackte Petersilie und Salsa zufügen. Mit Salz und frisch gemahlenem schwarzem Pfeffer abschmecken. Die Hühnerbrust mit der Salsa und gedämpften grünen Bohnen auf einem Teller anrichten.

Nährwert pro Portion
Eiweiß 45 g; Fett 61 g; Kohlenhydrate 33 g; Cholesterin 250 mg; 3494 kJ (832 kcal)

Hühnerbrust in das Ei tauchen und dann in der Polentamischung panieren.

Das Hühnerbrustfilet auf beiden Seiten 5 Minuten goldbraun braten.

Die Salsa-Zutaten in einer Schüssel gut mischen.

Scaloppine Parmigiane

Vorbereitungszeit: 15 Min.
Kühlzeit: 15 Min.
Gar- und Backzeit: 15 Min.
Für 1 Person

2 kleine dünne Kalbsschnitzel
Mehl, zum Bestäuben
1 Ei, leicht verquirlt
50 g Semmelbrösel
Öl, zum Frittieren
100 g küchenfertige Tomatensauce
25 g Gouda, gerieben
1 EL frisch geriebener Parmesan
1 EL frisch gehackte glatte Petersilie
2 TL gehackte Kapern
1 TL geriebene Zitronenschale

1 Den Backofen auf 180 °C vorheizen. Die Kalbsschnitzel mit Küchenpapier sorgfältig trocken tupfen, in Mehl wenden und überschüssiges Mehl abschütteln. In Ei tauchen und mit Semmelbröseln panieren. Abgedeckt 15 Minuten kalt stellen.
2 Eine Pfanne 1 cm hoch mit Öl füllen und erhitzen. Die Schnitzel darin auf beiden Seiten 2 Minuten goldbraun braten. Auf Küchenpapier abtropfen lassen. Nebeneinander in eine Auflaufform legen. Die Tomatensauce darüber geben und mit Gouda und Parmesan bestreuen. 10 Minuten im Ofen überbacken.
3 Petersilie, Kapern und Zitronenschale in einer kleinen Schüssel mischen. Über die Schnitzel geben und sofort servieren.

Nährwert pro Portion
Eiweiß 73 g; Fett 43 g; Kohlenhydrate 60 g; Cholesterin 384 mg; 3832 kJ (915 kcal)

TIPP
Variation: Für einen milderen Geschmack den Gouda durch Mozzarella ersetzen.
Die gebratenen Kalbsschnitzel können statt im Ofen auch unter dem Grill bei mittlerer Hitze 5 Minuten überbacken werden. Danach vom Grillblech nehmen, auf einem Servierteller anrichten und mit der Petersilienmischung bestreut servieren.

Kalbsschnitzel im Mehl wenden (überschüssiges Mehl abschütteln).

Die Schnitzel auf beiden Seiten 2 Minuten goldbraun braten.

Im Ofen 10 Minuten überbacken, bis der Käse zerläuft.

Petersilie, Kapern und Zitronenschale in einer kleinen Schüssel mischen.

Filetsteak mit Senfsauce

Vorbereitungszeit: 5 Min.
Garzeit: 12 Min.
Für 1 Person

30 g Butter
25 g Blattspinat, zerkleinert
1 Knoblauchzehe, zerdrückt
125 g Filetsteak
60 ml Weißwein
2 TL körniger Senf
60 ml Sahne

1 Die Hälfte der Butter in einer Pfanne zerlassen. Spinat und Knoblauch darin bei mittlerer Hitze 2 Minuten zusammenfallen lassen. Aus der Pfanne nehmen und warm stellen. Die restliche Butter in der Pfanne zerlassen. Das Steak darin bei mittlerer Hitze auf beiden Seiten 3–4 Minuten (nach Wunsch länger oder kürzer) braten. Aus der Pfanne nehmen und mit Alufolie abgedeckt beiseite stellen.

2 Wein, Senf und Sahne in die Pfanne geben und evtl. Bratensatz durch Rühren vom Pfannenboden lösen. Aufkochen, herunterschalten und 1 Minute köcheln lassen. Salzen und pfeffern.

3 Das Steak in 5 mm dicke Scheiben schneiden. Spinat auf einen Teller geben, das Steak darauf anrichten und die Sauce darüber geben. Mit Kartoffelpüree servieren.

Nährwert pro Portion
Eiweiß 33 g; Fett 56 g; Kohlenhydrate 3 g; Cholesterin 242 mg; 2782 kJ (665 kcal)

Spinat mit Knoblauch bei mittlerer Hitze 2 Minuten zusammenfallen lassen.

Wein, Senf und Sahne aufkochen, dann herunterschalten und köcheln lassen.

Das Steak quer zur Faser in 5 mm dicke Scheiben schneiden.

Tunfisch in Limetten-Sahnesauce

Vorbereitungszeit: 5 Min.
Garzeit: 15 Min.
Für 1 Person

100 ml Sahne
100 ml Fischbrühe
4 Limettenblätter, in dünne Streifen geschnitten
1 TL Erdnussöl
200 g Tunfischsteak, in 3 cm große Würfel geschnitten
1 Kopf (500 g) Mini-Pak-Choi (chinesischer Kohl), halbiert und gewaschen

1 Sahne, Fischbrühe und Limettenblätter in einem kleinen Topf bei schwacher Hitze 15 Minuten unter gelegentlichem Rühren reduzieren. Warm stellen.

2 Unterdessen einen Wok stark erhitzen. Öl hineingeben und ausschwenken. Den Tunfisch darin unter Rühren 2 Minuten scharf anbraten. Warm stellen.

3 Den Pak-Choi-Kohl in den Wok geben und bei starker Hitze 1–2 Minuten unter ständigem Rühren anbraten, bis er zerfällt.

4 Den Pak-Choi-Kohl mit den Tunfischwürfeln auf einem Servierteller anrichten und die Limettensauce darüber geben. Als Beilage eignet sich gedämpfter Reis und Limettenspalten. Sofort servieren.

Nährwert pro Portion
Eiweiß 68 g; Fett 55 g; Kohlenhydrate 6 g; Cholesterin 276 mg; 3300 kJ (788 kcal)

Sahne, Fischbrühe und Limettenblätter in einem Topf köcheln lassen.

Tunfischwürfel unter Rühren 2 Minuten scharf anbraten.

Pak-Choi-Kohl im Wok unter Rühren anbraten und leicht zerfallen lassen.

Saté-Lammspieße

Vorbereitungszeit: 10 Min.
Garzeit: 20 Min.
Für 1 Person

200 g Lammrücken oder Lammfilet
2 TL Öl
½ Zwiebel, in dünne Spalten geschnitten
1 Knoblauchzehe, zerdrückt
1 TL rote Currypaste
60 g Erdnussbutter mit Stückchen
60 ml Kokosmilch
1 TL Ketjap Manis
2 TL Tomatensauce
frische Korianderblätter, zum Garnieren

1 Lammfleisch von Fett und Sehnen befreien und in große Würfel schneiden.
2 Öl in einem Topf erhitzen. Zwiebel und Knoblauch darin auf unterer Stufe 4 Minuten dünsten. Currypaste zufügen und kurz anschwitzen, dann vom Herd nehmen.
3 Erdnussbutter unterrühren. Zurück auf den Herd stellen, Kokosmilch und 60 ml Wasser zugeben. Unter Rühren aufkochen. Ketjap Manis und Tomatensauce zufügen, herunterschalten und 1 Minute leicht eindicken lassen.
4 Lamm auf 3 Spieße stecken, auf ein geöltes Blech legen und mit der Erdnusssauce bestreichen. Unter dem Grill bei starker Hitze auf jeder Seite 5 Minuten braten, dabei weiter mit der Sauce bepinseln.
5 Unterdessen die restliche Erdnusssauce auf mittlerer Stufe 3–5 Minuten erhitzen. Die Spieße mit der Sauce auf Reis mit Koriander garniert anrichten und sofort servieren.

Nährwert pro Portion
Eiweiß 60 g; Fett 60 g; Kohlenhydrate 11 g; Cholesterin 132 mg; 3509 kJ (838 kcal)

Fett und Sehnen entfernen und das Fleisch in 2 cm große Würfel schneiden.

Die Erdnusssauce 1 Minute köcheln und leicht eindicken lassen.

Die Spieße mit Erdnusssauce bestreichen und unter dem Grill braten.

Fabelhafte Saucen

Mit diesen blitzschnell gezauberten Saucen können Sie ein einfaches Gericht in ein Festessen verwandeln. Genau das Richtige für Steaks, Huhn, Fisch und Meeresfrüchte.

Pilzsauce

25 g Butter in einem kleinen Topf zerlassen. 200 g geviertelte Champignons zugeben und bei mittlerer Hitze unter Rühren 2 Minuten bräunen. 60 ml Rotwein, 75 ml Rinderbrühe und 2 EL Wasser zugießen und 6 Minuten einkochen lassen. 1 EL Sahne unterziehen und 1 Minute köcheln lassen. Zu Kalbfleisch und Pellkartoffeln mit Butter und Schnittlauch servieren.

Koriandermayonnaise

25 g frisch gezupfte Korianderblätter, 2 EL Mayonnaise, 1 TL Senf, 2 EL Olivenöl und 1 TL Limettensaft im Mixer oder in der Küchenmaschine zu einer glatten Creme verarbeiten. Mit Salz und frisch gemahlenem schwarzem Pfeffer würzen. In eine kleine Servierschale geben und mit gegrillten Garnelen, frischen Pommes frites und Limettenspalten servieren.

Senfsauce

60 ml Rinderbrühe, 1 fein gehackte Frühlingszwiebel, 1 TL Rotweinessig und 2 TL körnigen Senf in einem kleinen Topf gut verrühren. Die Mischung aufkochen und 2 Minuten köchelnd auf die halbe Menge reduzieren lassen. 60 g saure Sahne unterziehen, die Mischung erwärmen, aber nicht nochmals aufkochen. Zu Rinderfilet und gedämpftem grünem Spargel servieren.

Sauce béarnaise

1 EL geriebene weiße Zwiebel, 2 EL Weißweinessig, 1 EL frische Estragonblätter, ½ TL getrocknete Estragonblätter und 1 EL Wasser in einem Topf aufkochen. Bei geringer Hitze 2–3 Minuten auf 2 TL Flüssigkeit einkochen lassen. Vom Herd nehmen. 2 Eigelb mit 1 TL Wasser verquirlen, in den Topf geben und alles gut unterrühren. Nach und nach 75 g zerlassene Butter einrühren. Die Sauce durch ein feines Sieb gießen, mit Salz und frisch gemahlenem schwarzem Pfeffer würzen und 5 frische, in Streifen geschnittene Estragonblätter einrühren. In eine Sauciere geben und sofort zu gegrilltem Entrecôte und frischem Grillgemüse servieren.

Grüne-Pfeffer-Sauce

5 g Butter in einem kleinen Topf zerlassen. 1 TL fein gewürfelte Zwiebel darin bei schwacher Hitze 3–4 Minuten glasig dünsten. 2 TL grob zerstoßene grüne Pfefferkörner sorgfältig unterrühren. 1 EL Weißwein zugeben und die Flüssigkeit vollständig verdampfen lassen. 60 ml Hühnerbrühe, 1 EL süße Sahne und 1 EL saure Sahne zufügen und bei Hitze auf die gewünschte Konsistenz einkochen lassen. In eine Sauciere geben und sofort zu Rinderlendensteak und gedämpftem Pak-Choi (chinesischem Kohl) servieren.

Minzsauce

5 g Butter in einem Topf zerlassen. 1 EL fein gewürfelte Zwiebel darin bei mittlerer Hitze 2 Minuten glasig dünsten. 1 EL Weißwein zugeben, aufkochen und alles 1 Minute garen. 60 ml Hühnerbrühe, 1 TL Worcestersauce, 1 TL Teriyaki-Sauce und 10 g frische Minzblätter zufügen. Aufkochen und die Mischung 1–2 Minuten köcheln lassen. Vom Herd nehmen, durch ein Sieb geben und 5 in feine Streifen geschnittene Minzblätter unterrühren. In eine Servierschale geben und mit frischen Lammkoteletts und Röstkartoffeln servieren.

Im Uhrzeigersinn, von links oben: Pilzsauce, Koriandermayonnaise, Senfsauce, Minzsauce, Grüne-Pfeffer-Sauce und Sauce béarnaise.

Mayonnaise mit geröstetem Sesam

Ein Ei trennen und das Eigelb mit ½ TL Dijon-Senf und 2 TL Zitronensaft im Mixer 30 Sekunden zu einer lockeren Paste verarbeiten. 60 ml Olivenöl und 1 TL Sesamöl mischen und bei laufendem Gerät in einem dünnen Strahl zur Eigelbcreme gießen. Die Mayonnaise in eine Servierschüssel füllen und 1 EL geröstete Sesamsamen und ½ TL Honig unterrühren. Mit Salz und Pfeffer abschmecken. Zu gegrillten Tunfischsteaks und frischem Rucola servieren. Die Mayonnaise gut gekühlt aufbewahren und möglichst sofort aufbrauchen.

Senfsauce mit Gewürzgurken

5 g Butter in einem Topf zerlassen. 1 TL geriebene Zwiebel unter häufigem Rühren bei mittlerer Hitze 2 Minuten glasig dünsten. 2 TL Weißwein zugeben und die Flüssigkeit fast verdampfen lassen. 75 ml Hühnerbrühe, 1½ EL Dijon-Senf und 1 EL Wasser zufügen und aufkochen. Hitze reduzieren und 3 Minuten auf die Hälfte einkochen lassen. 1 fein gewürfelte Gewürzgurke zugeben. Vom Herd nehmen und 2 TL fein gehackte glatte Petersilie unterziehen. Mit gegrillten Hühnerspießen und einem frischen, grünen Salat servieren.

Zwiebelsauce

15 g Butter in einem Topf zerlassen. ½ in dünne Ringe geschnittene Zwiebel darin 2–3 Minuten glasig dünsten. 2 TL Mehl darüber stäuben und 30 Sekunden anschwitzen. Vom Herd nehmen und nach und nach 75 ml Rinderbrühe einrühren. Zurück auf den Herd stellen, unter ständigem Rühren aufkochen und eindicken lassen. Den Herd herunterschalten und alles 1 Minute sanft köcheln lassen. Mit Salz und Pfeffer würzen. Zu Frikadellen und knusprigen Kartoffelecken servieren. Alternativ eine Frikadelle in einem Hamburgerbrötchen mit Salatblättern servieren und die Zwiebelsauce darüber geben.

Zitronen-Hollandaise

60 ml trockenen Weißwein in einem Topf aufkochen und auf 1½ EL Flüssigkeit reduzieren. 2 Eigelb in eine kleine Schüssel geben, den Wein zufügen und würzen. Die Sauce im Wasserbad unter ständigem Quirlen eindicken lassen. Unter ständigem Rühren langsam 75 g zerlassene Butter zugeben. Wenn die Sauce zu dick wird, 1 TL Wasser dazugießen. Vom Herd nehmen und 1 EL frisch gepressten Zitronensaft einrühren. In eine Sauciere geben und sofort servieren. Die Hollandaise passt hervorragend zu gegrilltem Lachsfilet und gedämpftem grünem Spargel, mit frisch gemahlenem Pfeffer bestreut.

Pestobutter

25 g frische Basilikumblätter 20 Sekunden in kochendem Salzwasser blanchieren, dann abgießen und fein hacken. Das gehackte Basilikum, 1 zerdrückte Knoblauchzehe, 1 TL frisch geriebenen Parmesan und 30 g zimmerwarme Butter in einer Schüssel mischen und mit Salz und Pfeffer würzen. Die Mischung 5 mm dick auf ein Backpapier streichen und im Kühlschrank fest werden lassen. Dann in kleine Würfel schneiden, über gebratene Hähnchenkeulen geben und schmelzen lassen. Mit Röstkartoffeln und grünen Bohnen servieren.

Estragonsauce

5 g Butter in einem kleinen Topf zerlassen. 1 TL fein gewürfelte Zwiebel darin unter Rühren bei schwacher Hitze 3–4 Minuten glasig dünsten. 1 EL Weißwein und 2 EL frische Estragonblätter zufügen und alles 1 Minute köcheln lassen. 125 ml Hühnerbrühe und 1 EL Sahne zugießen. Aufkochen, herunterschalten und 5 Minuten auf die gewünschte Konsistenz einkochen lassen. Durch ein Sieb geben und 3 frische, in feine Streifen geschnittene Estragonblätter unterziehen. Mit Hähnchenbrust und gedämpften Zuckererbsenschoten servieren.

Im Uhrzeigersinn, von links oben: Mayonnaise mit geröstetem Sesam, Senfsauce mit Gewürzgurken, Zwiebelsauce, Estragonsauce, Pestobutter und Zitronen-Hollandaise.

Schnelle und einfache Wokgerichte

Limetten-Garnelen mit Zuckererbsenschoten

Vorbereitungszeit: 10 Min.
Garzeit: 3 Min.
Für 1 Person

2 EL Limettensaft
1 EL Sojasauce
2 TL Honig
1 TL Erdnussöl
1 Knoblauchzehe, zerdrückt
2 Limettenblätter, in dünne Streifen geschnitten
4 Babymaiskolben, längs halbiert
50 g Zuckererbsenschoten
8 mittelgroße Garnelen, geschält und ohne Darm, Schwanzsegment intakt
3 EL frisch gehackte Korianderblätter

1 Limettensaft, Sojasauce und Honig in einer kleinen Schüssel gut verrühren.
2 Einen Wok auf höchster Stufe erhitzen. Das Öl hineingeben und durch Schwenken des Woks verteilen. Knoblauch, Limettenblätter und den Babymais darin 1–2 Minuten unter ständigem Rühren anbraten.
3 Zuckererbsenschoten, Garnelen und die Limettensaftmischung zugeben und 1 Minute unter Rühren garen. Korianderblätter untermischen. Sofort mit gedämpftem Reis servieren.

Nährwert pro Portion
Eiweiß 27 g; Fett 5,5 g; Kohlenhydrate 23 g; Cholesterin 150 mg; 930 kJ (222 kcal)

TIPP
Limettenblätter am besten in einem luftdichten Behälter oder Beutel im Gefrierschrank aufbewahren. Da sie rasch auftauen, reicht es, sie kurz vor dem Braten aus dem Tiefkühlfach zu nehmen.

Limettensaft, Sojasauce und Honig verrühren, bis sich der Honig auflöst.

Erbsenschoten, Garnelen und die Saftmischung unter Rühren garen.

Hühnerbruststreifen mit Zuckererbsenschoten

Vorbereitungszeit: 10 Min.
Garzeit: 10 Min.
Für 1 Person

2 TL Pflanzenöl
½ TL Sesamöl
200 g Hühnerbrustfilet, in Streifen geschnitten
½ Lauchstange, nur Weißes, in sehr dünne Längsstreifen geschnitten
1 Knoblauchzehe, zerdrückt
50 g Zuckererbsenschoten, halbiert
1 EL Sojasauce
2 TL Mirin
½ TL brauner Zucker
frische Korianderblätter

1 Einen Wok auf höchster Stufe erhitzen. Öle hineingeben und durch Schwenken gründlich verteilen. Die Hühnerstreifen 3–4 Minuten unter Rühren anbraten.

2 Lauch und Knoblauch in den Wok zugeben und 1–2 Minuten unter ständigem Rühren weich garen. Die Erbsenschoten zufügen und 1 Minute anbraten. Die Sojasauce, Mirin und Zucker in den Wok geben und sorgfältig untermischen. Mit Salz und frisch gemahlenem Pfeffer abschmecken. Mit frischen Korianderblättern garnieren.

Nährwert pro Portion
Eiweiß 50 g; Fett 17 g; Kohlenhydrate 10 g; Cholesterin 100 mg; 1664 kJ (398 kcal)

Hühnerstreifen in Pflanzen- und Sesamöl unter Rühren anbraten.

Sojasauce, Mirin und Zucker in den Wok geben und gut untermischen.

Schweinefilet mit grünen Bohnen in Ingwersauce

Vorbereitungszeit: 15 Min.
Garzeit: 10 Min.
Für 1 Person

60 ml Sojasauce
1½ EL Weiß- oder Reisweinessig
½ TL Zucker
1 Prise Chiliflocken
1 TL Speisestärke
1 EL Erdnussöl
200 g Schweinefilet, von Fett und Sehnen befreit, in dünne Scheiben geschnitten
100 g grüne Bohnen, in 4 cm lange Stücke geschnitten
1 Knoblauchzehe, gehackt
3 TL frischer, grob geriebener Ingwer

1 Sojasauce, Essig, Zucker, Chili, Stärke und 75 ml Wasser in einer Schüssel gut verrühren. Filetscheiben untermischen.
2 Einen Wok auf höchster Stufe erhitzen. Die Hälfte des Öls hineingeben und durch Schwenken verteilen. Fleisch abtropfen lassen (die Marinade auffangen) und bei starker Hitze unter Rühren 1–2 Minuten bräunen. Herausnehmen.
3 Restliches Öl im Wok erhitzen. Bohnen unter Rühren 3–4 Minuten anbraten. Knoblauch und Ingwer zufügen und 1 Minute unter Rühren braten. Das Fleisch mit Saft zurück in den Wok geben und die Marinade zugießen. Aufkochen und unter Rühren 1–2 Minuten eindicken lassen. Sofort mit gedämpftem Reis servieren.

Nährwert pro Portion
Eiweiß 51 g; Fett 23 g; Kohlenhydrate 11 g; Cholesterin 100 mg; 1917 kJ (458 kcal)

TIPP
Reisweinessig wird gewonnen, indem man Wein aus vergorener Reisstärke oxidieren lässt.

Schweinefiletscheiben im Wok unter Rühren bräunen.

Das restliche Öl erhitzen und die grünen Bohnen darin anbraten.

Fleisch und Marinade zurück in den Wok geben und gut umrühren.

Miesmuscheln mit Chili und schwarzen Bohnen

Vorbereitungszeit: 10 Min.
Garzeit: 8 Min.
Für 1 Person

2 TL gesalzene schwarze Bohnen, gut abgespült
1 TL frischer, fein gehackter Ingwer
1 Knoblauchzehe, gehackt
3 TL Zucker
2 TL Austernsauce
1 TL Sojasauce
2 TL Öl
1 kleine rote Chilischote, entkernt und in dünne Ringe geschnitten
300 g Miesmuscheln, geschrubbt und ohne Bärte (siehe TIPP)
1 TL Speisestärke
2 Frühlingszwiebeln, diagonal in Ringe geschnitten
frische Korianderblätter, zum Servieren

1 Schwarze Bohnen, Ingwer, Knoblauch, Zucker, Austernsauce und Sojasauce in einer kleinen Schüssel mit einer Gabel verrühren.
2 Einen Wok auf höchster Stufe erhitzen. Öl hineingeben und durch Schwenken verteilen. Die Chiliringe darin unter Rühren 30 Sekunden anbraten, dann die Bohnenmischung zufügen und 1 Minute unter Rühren anbraten. Muscheln zugeben und 3–5 Minuten unter Rühren garen. Nicht geöffnete Muscheln aussortieren. Auf niedrige Hitze herunterschalten.
3 Stärke in 60 ml Wasser in einer Schüssel anrühren. In den Wok geben und unter Rühren aufkochen und eindicken lassen. Frühlingszwiebeln untermischen. Mit Korianderblättern bestreuen und mit Jasminreis servieren.

Nährwert pro Portion
Eiweiß 38 g; Fett 7,5 g; Kohlenhydrate 19 g; Cholesterin 243 mg; 1240 kJ (295 kcal)

TIPP
Die Miesmuscheln müssen beim Kauf noch leben. Frische Muscheln haben geschlossene oder höchstens leicht geöffnete Schalen, die sich schließen, wenn man darauf klopft. Alle geöffneten oder beschädigten Muscheln sofort aussortieren.

Schwarze Bohnen, Ingwer, Knoblauch, Zucker, Austern- und Sojasauce mischen.

Muscheln unter Rühren 3–5 Minuten garen, bis sie sich öffnen.

Die angerührte Stärke in den Wok geben und zum Kochen bringen.

Öl, Zitronenschale und -saft, Frühlingszwiebel und Oregano mischen.

Tintenfischtuben halbieren und längs in dünne Streifen schneiden.

Die Tintenfischstreifen gründlich mit Salz und Pfeffer mischen.

Den Tintenfisch in zwei Portionen bei starker Hitze unter Rühren anbraten.

Tintenfisch mit Oregano-Dressing

Vorbereitungszeit: 10 Min.
Garzeit: 5 Min.
Für 1 Person

2 EL Olivenöl
½ TL geriebene Zitronenschale
1 EL Zitronensaft
1 Frühlingszwiebel, fein gehackt
1 TL frisch gehackter Oregano
250 g Tintenfisch- bzw. Kalmartuben
1 TL Meersalz
1 TL gemahlener schwarzer Pfeffer
1 TL Olivenöl, zusätzlich
20 g gemischter Blattsalat

1 Öl, Zitronenschale und -saft, Frühlingszwiebel und Oregano verrühren.
2 Tintenfischtuben mit Küchenpapier trocken tupfen. Halbieren und längs in dünne Streifen schneiden. Salz und Pfeffer in einer Schüssel mischen. Tintenfischstreifen zugeben und sorgfältig umrühren.
3 Wok auf höchster Stufe erhitzen. Zusätzliches Öl zugeben. Tintenfisch darin unter Rühren 1–2 Minuten anbraten. Mit dem Dressing sofort auf Blattsalat anrichten und servieren.

Nährwert pro Portion
Eiweiß 40 g; Fett 45 g; Kohlenhydrate 1 g; Cholesterin 498 mg; 2449 kJ (585 kcal)

Thailändische Hühnerpfanne mit Basilikum

Vorbereitungszeit: 15 Min.
Garzeit: 7 Min.
Für 1 Person

1 EL Fischsauce
1 EL Limettensaft
½ kleine Tomate, gewürfelt
10 g frische thailändische Basilikumblätter
3 TL Erdnuss- oder Pflanzenöl
2 Knoblauchzehen, in dünne Scheiben geschnitten
2 Frühlingszwiebeln, in dünne Ringe geschnitten
½ kleine rote Chilischote, entkernt, in dünne Ringe geschnitten
1 Hühnerbrustfilet, in dünne Streifen geschnitten
75 g Zuckererbsenschoten, geputzt

1 Fischsauce, Limettensaft, Tomate, Basilikum und 1 EL Wasser verrühren.
2 Einen Wok auf höchster Stufe erhitzen. Öl hineingeben und durch Schwenken verteilen. Knoblauch, Frühlingszwiebeln und Chili darin unter Rühren 1 Minute anbraten. Hühnerstreifen zufügen und unter Rühren 3 Minuten leicht bräunen lassen.
3 Zuckererbsenschoten und die Fischsaucenmischung in den Wok geben und durch Rühren eventuellen Bratensatz vom Wokboden lösen. Herunterschalten und 2 Minuten köcheln lassen. Sofort mit Reis servieren.

Nährwert pro Portion
Eiweiß 57 g; Fett 20 g; Kohlenhydrate 10 g; Cholesterin 110 mg; 1887 kJ (450 kcal)

Fischsauce, Limettensaft, Tomate, Basilikum und Wasser mischen.

Hühnerstreifen im Wok unter Rühren leicht anbräunen.

Köcheln lassen, bis die Tomatenwürfel weich sind und das Hühnerfleisch gar ist.

Rinderstreifen mit Schwarze-Bohnen-Sauce und Nudeln

Vorbereitungszeit: 15 Min.
Garzeit: 10 Min.
Für 1 Person

75 g chinesische Instant-Nudeln
125 g Rindfleisch, in dünne Streifen geschnitten
1 TL Sesamöl
1 Knoblauchzehe, zerdrückt
1 TL frisch geriebener Ingwer
2 TL Öl
1 Frühlingszwiebel, in Ringe geschnitten
¼ rote Paprika, in dünne Streifen geschnitten
4 Zuckererbsenschoten, halbiert
1 EL Schwarze-Bohnen-Sauce mit Knoblauch (siehe TIPP)
1 EL Hoisin-Sauce
25 g Bohnensprossen

1 Nudeln nach Packungshinweisen kochen und abgießen.

2 Rinderstreifen, Sesamöl, Knoblauch und Ingwer in einer Schüssel verrühren. 1 TL Öl im Wok auf höchster Stufe erhitzen. Die Mischung darin unter Rühren 2–3 Minuten anbraten. Aus dem Wok nehmen.

3 Das restliche Öl in den Wok geben. Frühlingszwiebelringe, Paprika und Erbsenschoten darin 2 Minuten unter Rühren anbraten. Das Fleisch zugeben. Schwarze-Bohnen-Sauce, Hoisin-Sauce und 1 EL Wasser zufügen.

4 Nudeln untermischen und erhitzen. Mit Bohnensprossen bestreut servieren.

Nährwert pro Portion
Eiweiß 30 g; Fett 20 g; Kohlenhydrate 25 g; Cholesterin 76 mg; 1751 kJ (418 kcal)

TIPP

Schwarze-Bohnen-Sauce mit Knoblauch ist in asiatischen Lebensmittelgeschäften und gut sortierten Supermärkten erhältlich.

Die Rindfleischmischung im Wok bei starker Hitze unter Rühren anbraten.

Frühlingszwiebelringe, Paprika und Erbsenschoten 2 Minuten anbraten.

Nudeln zugeben und gut mit dem Rindfleisch und Gemüse mischen.

Hühnerfleisch mit Hokkien-Nudeln

Vorbereitungszeit: 10 Min.
Ruhezeit: 10 Min.
Garzeit: 10 Min.
Für 1 Person

150 g Hokkien-Nudeln
2 TL Öl
150 g Hühnerbrustfilet, in Streifen geschnitten
1 kleine Knoblauchzehe, gehackt
1 Stück (2 cm) frischer Ingwer, in Stifte geschnitten
1 Frühlingszwiebel, diagonal in Ringe geschnitten
½ Karotte, diagonal in dünne Scheiben geschnitten
100 g Brokkoliröschen
1 EL Mirin
2 EL Sojasauce
½ TL brauner Zucker
1 EL Sesamsamen, geröstet

1 Nudeln mit kochendem Wasser bedecken und 10 Minuten stehen lassen.

2 Unterdessen einen Wok auf höchster Stufe erhitzen, Öl darin verteilen. Hühnerstreifen unter Rühren 5 Minuten anbraten, Knoblauch und Ingwer zufügen und 1 Minute anbraten. Frühlingszwiebel, Karotte und Brokkoli zugeben und unter Rühren 4–5 Minuten braten.

3 Mirin, Sojasauce und Zucker verrühren und in den Wok geben. Nudeln abgießen und im Wok unter Rühren erhitzen. Auf Tellern anrichten und mit Sesam bestreut servieren.

Nährwert pro Portion
Eiweiß 64 g; Fett 25 g; Kohlenhydrate 114 g; Cholesterin 100 mg; 3930 kJ (939 kcal)

Knoblauch, Ingwer und Hühnerfleisch unter Rühren anbraten.

Frühlingszwiebel, Karotte und Brokkoli zufügen und weich braten.

Nudeln abgießen, in den Wok geben und erhitzen.

Tofu in Austernsauce

Vorbereitungszeit: 5 Min.
Garzeit: 6 Min.
Für 1 Person

2 TL Erdnussöl
100 g küchenfertig frittierte Tofuwürfel, halbiert
2 EL Austernsauce
1 EL helle Sojasauce
1 EL süße Chilisauce
1 EL Honig
1 Knoblauchzehe, zerdrückt
4 Babymaiskolben, längs halbiert
4 Choi-Sum-Blätter, in 10 cm lange Stücke geschnitten

1 Einen Wok auf höchster Stufe erhitzen. Öl darin verteilen. Tofuwürfel unter Rühren 2 Minuten knusprig braten.

2 Austernsauce, Sojasauce, Chilisauce und Honig in einer kleinen Schüssel gut verrühren.

3 Knoblauch, Babymais und Choi-Sum in den Wok geben. Die Saucenmischung und 60 ml Wasser zufügen. Unter ständigem Rühren 3–4 Minuten garen. Sofort mit Reis in Schüsseln anrichten und servieren.

Nährwert pro Portion
Eiweiß 12 g; Fett 22 g; Kohlenhydrate 45 g; Cholesterin 0 mg; 1975 kJ (470 kcal)

Tofuwürfel unter Rühren 2 Minuten knusprig und goldbraun braten.

Austern-, Soja- und Chilisauce mit Honig in einer kleinen Schüssel gut verrühren.

Knoblauch, Babymais und Choi-Sum zugeben und unter Rühren anbraten.

Currys, Eintöpfe und Aufläufe

Rotes Gemüsecurry

Vorbereitungszeit: 10 Min.
Garzeit: 22 Min.
Für 1 Person

1 TL Erdnussöl
4 Brokkoliröschen, geviertelt
4 Blumenkohlröschen, geviertelt
150 g rote Süßkartoffel, in Stücke geschnitten
2 TL rote Currypaste
2 kleine Dosen (je 140 ml) Kokosmilch
1 TL Limettensaft
1 TL Fischsauce, nach Wunsch
1 EL frisch gehackte Korianderblätter

1 Einen Wok auf höchster Stufe erhitzen. Öl hineingeben und durch Schwenken verteilen. Brokkoli, Blumenkohl und Süßkartoffel darin unter Rühren 3 Minuten anbraten. 60 ml Wasser zugießen, dann herunterschalten und abgedeckt 8–10 Minuten bissfest garen.

2 Deckel abnehmen und Currypaste untermischen. Bei mittlerer Hitze 30 Sekunden anschwitzen (eventuelle Klümpchen glatt rühren). Kokosmilch unterrühren, dann herunterschalten und 8 Minuten köcheln und leicht eindicken lassen.

3 Limettensaft und Fischsauce unterziehen und mit Koriander bestreuen. Sofort mit Reis servieren.

Nährwert pro Portion
Eiweiß 22 g; Fett 63 g; Kohlenhydrate 40 g; Cholesterin 0,5 mg; 3434 kJ (820 kcal)

TIPP
Andere Currypasten (z.B. grüne oder Panang-Paste) verleihen dem Gericht einen anderen Geschmack.

Brokkoli, Blumenkohl und Süßkartoffel im Wok bissfest dämpfen.

Kokosmilch zufügen und leicht eindicken lassen.

Grünes Hühnercurry

Vorbereitungszeit: 10 Min.
Garzeit: 5 Min.
Für 1 Person

1 TL Erdnussöl
2 TL grüne Currypaste
1 kleines Hühnerbrustfilet, in dünne Streifen geschnitten
1 kleine Dose (140 ml) Kokosmilch
4 Brokkoliröschen, halbiert
4 grüne Bohnen, in 4 cm lange Stücke geschnitten
7 g frische Korianderblätter
2 TL Fischsauce
frische Korianderblätter, zusätzlich, zum Garnieren
frische, in sehr dünne Streifen geschnittene Limettenblätter, zum Garnieren

1 Einen Wok auf höchster Stufe erhitzen. Öl hineingeben und durch Schwenken verteilen. Currypaste und Hühnerstreifen darin unter Rühren 1 Minute anbraten.
2 Auf schwache Hitze herunterschalten und Kokosmilch und Brokkoli zufügen. Unter ständigem Rühren 2 Minuten kochen, dann Bohnen zugeben und 2 Minuten garen.
3 Den Wok vom Herd nehmen und die Korianderblätter und die Fischsauce unterrühren. Mit den zusätzlichen Korianderblättern und Limettenblätterstreifen bestreuen. Sofort mit gedämpftem Reis servieren.

Nährwert pro Portion
Eiweiß 45 g; Fett 40 g; Kohlenhydrate 7 g; Cholesterin 75 mg; 2295 kJ (548 kcal)

Frische Limettenblätter in sehr dünne Streifen schneiden.

Currypaste und Hühnerstreifen 1 Minute unter Rühren anbraten.

Zuerst Kokosmilch und Brokkoli, dann die grünen Bohnen zugeben.

Rindfleisch-Curry mit Ananas

Vorbereitungszeit: 10 Min.
Garzeit: 12 Min.
Für 1 Person

1 EL Erdnussöl
175 g Rumpsteak, quer zur Faser in dünne Streifen geschnitten
2 TL Panang-Currypaste
½ kleine Zwiebel, in dünne Spalten geschnitten
1 kleine Knoblauchzehe, zerdrückt
1 kleine Dose (140 ml) Kokosmilch
4 kleine Limettenblätter
75 g frische Ananas, klein geschnitten
½ TL brauner Zucker
2 TL Limettensaft
1 TL Fischsauce
1 EL frisch gehackte Korianderblätter

1 Einen Wok auf höchster Stufe erhitzen. Die Hälfte des Öls hineingeben und durch Schwenken verteilen. Fleischstreifen darin portionsweise unter Rühren 2 Minuten scharf anbraten. Aus dem Wok nehmen.

2 Das restliche Öl im Wok erhitzen. Currypaste darin bei starker Hitze 1 Minute anschwitzen. Zwiebelspalten und Knoblauch zufügen und 1–2 Minuten weich braten.

3 Das Fleisch zurück in den Wok geben. Die Kokosmilch, die Limettenblätter und die Ananasstücke zufügen und zum Kochen bringen, dann den Herd herunterschalten und die Mischung 5 Minuten köcheln lassen. Die restlichen Zutaten unterrühren. Mit gedämpftem Jasminreis servieren.

Nährwert pro Portion
Eiweiß 47 g; Fett 53 g; Kohlenhydrate 23 g; Cholesterin 118 mg; 3137 kJ (749 kcal)

Rindfleisch bei starker Hitze portionsweise scharf anbraten.

Zwiebel und Knoblauch zur Currypaste geben und weich braten.

Kokosmilch, Limettenblätter und Ananas zufügen und 5 Minuten köcheln lassen.

Spinat-Ricotta-Auflauf

Vorbereitungszeit: 10 Min.
Gar- und Backzeit: 20 Min.
Für 1 Person

1 dünne Scheibe Kochschinken
100 g Blattspinat
150 g Ricotta
3 EL geriebener Parmesan
1 Prise gemahlener Muskat
2 Eiweiß

1 Backofen auf 220 °C vorheizen. Eine sehr kleine Auflaufform (375 ml) dünn einfetten und die Schinkenscheibe hineinlegen (der Schinken sollte am Rand nicht überstehen).
2 Spinat 4–5 Minuten dämpfen und leicht zusammenfallen lassen. Ausdrücken und klein schneiden. Ricotta und die Hälfte des Parmesan zugeben, mit Salz, Pfeffer und Muskat würzen.
3 Eiweiße in einer kleinen Schüssel steif schlagen. Vorsichtig unter die Spinatmischung heben. In die vorbereitete Form füllen und mit dem restlichen Parmesan bestreuen.
4 15 Minuten goldbraun backen. Den Auflauf mit einem Messer aus der Form lösen und stürzen. Nochmals umdrehen und in Scheiben geschnitten mit frischem, gemischtem Salat servieren.

Nährwert pro Portion
Eiweiß 40 g; Fett 28 g; Kohlenhydrate 2,5 g; Cholesterin 112 mg; 1768 kJ (422 kcal)

Eine kleine Auflaufform mit der Schinkenscheibe auslegen.

Spinat, Ricotta, Parmesan, Salz, Pfeffer und Muskat in einer Schüssel mischen.

Den Eischnee vorsichtig unter die Spinatmischung heben.

Fenchel-Pilz-Gratin

Vorbereitungszeit: 5 Min.
Gar- und Backzeit: 20 Min.
Für 1 Person

1 Kartoffel
1 große Fenchelknolle
10 g Butter
2 TL Olivenöl
1 kleine Knoblauchzehe, zerdrückt
50 g Champignons, in Scheiben geschnitten
1 EL Weißwein
60 ml Sahne
1 TL frisch gehackter Thymian
25 g getrocknete Tomaten, klein geschnitten
2 EL geriebener Parmesan

1 Kartoffel in Salzwasser 5 Minuten weich kochen. Abkühlen lassen und in 5 mm dicke Scheiben schneiden.
2 Unterdessen eine flache Auflaufform (500 ml) einfetten. Den geputzten Fenchel in dünne Scheiben schneiden.
3 Butter und Öl in einer Pfanne erhitzen. Fenchel darin auf niedriger Stufe 6 Minuten weich dünsten. Knoblauch und Champignons zugeben und weitere 6 Minuten dünsten. Wein, Sahne, Thymian und Tomaten zugeben und aufkochen. Hitze reduzieren und 2 Minuten unter gelegentlichem Rühren köcheln lassen. 1 EL Parmesan untermischen.
4 Fenchelmischung und Kartoffelscheiben abwechselnd in die Form schichten. Mit dem restlichen Parmesan bestreuen und bei starker Hitze unter dem Backofengrill 1–2 Minuten überbacken. Als Beilage mit einem frischen, grünen Salat servieren.

Nährwert pro Portion
Eiweiß 18 g; Fett 50 g; Kohlenhydrate 17 g; Cholesterin 136 mg; 2504 kJ (600 kcal)

Den Fenchel putzen und in dünne Scheiben schneiden.

Knoblauch und Champignons zum Fenchel geben und 6 Minuten andünsten.

Fenchelmischung und Kartoffelscheiben abwechselnd in die Form schichten.

Lamm-Moussaka

Vorbereitungszeit: 20 Min.
Gar- und Backzeit: 45 Min.
Für 1 Person

1 kleine Aubergine
2½ EL Olivenöl
1 Knoblauchzehe, zerdrückt
1 kleine Zwiebel, in dünne Ringe geschnitten
200 g Lammhackfleisch
2 EL Weißwein
2 TL Tomatenmark
1 Tomate, gewürfelt
2 TL frisch gehackte glatte Petersilie
½ TL frisch gehackte Minze
1 Prise gemahlener Zimt

Käsesauce
10 g Butter
2 TL Mehl
125 ml Milch
1 EL geriebener Romano-Käse
1 EL geriebener Gouda

1 Backofen auf 200 °C vorheizen. Eine Auflaufform (500 ml) leicht einfetten.
2 Zwei 1 cm dicke Scheiben der Aubergine abschneiden. 2 EL Öl in einer kleinen Pfanne erhitzen. Die Auberginenscheiben darin auf jeder Seite 2–3 Minuten goldbraun braten.
3 Das restliche Öl erhitzen. Knoblauch und Zwiebelringe darin auf niedriger Stufe 2 Minuten glasig dünsten. Herd hochschalten, Hackfleisch zufügen und 5 Minuten anbraten. Weißwein, Tomatenmark, Tomate, Petersilie, Minze und Zimt zugeben. Herunterschalten und abgedeckt 10 Minuten köcheln lassen. Würzen und abkühlen lassen.
4 Für die Sauce Butter in einem kleinen Topf zerlassen. Mehl einrühren und 1 Minute anschwitzen. Vom Herd nehmen und langsam die Milch einrühren. Zurück auf den Herd stellen, aufkochen, beide Käse zufügen und unter Rühren eindicken lassen. Mit Salz und frisch gemahlenem schwarzem Pfeffer würzen.
5 Eine Auberginenscheibe auf den Boden der Auflaufform legen und die Hälfte der Lammmischung darüber geben. Mit der zweiten Auberginenscheibe und der restlichen Lammsauce ebenso verfahren. Die Käsesauce darüber geben und die Oberfläche mit einem Löffel glatt streichen.
6 Im Ofen 15–20 Minuten überbacken und leicht bräunen lassen. Aus dem Ofen nehmen und mit grünem Salat als Beilage servieren.

Nährwert pro Portion
Eiweiß 60 g; Fett 78 g; Kohlenhydrate 20 g; Cholesterin 200 mg; 4405 kJ (1052 kcal)

Auberginenscheiben in einer Pfanne auf beiden Seiten goldbraun braten.

Weißwein, Tomatenmark, Tomate, Petersilie, Minze und Zimt zugeben.

Die Käsesauce über die Lammmischung geben.

Orientalischer Kartoffeltopf

Vorbereitungszeit: 10 Min.
Garzeit: 30 Min.
Für 1 Person

300 g Kartoffeln, in große Würfel geschnitten
1 TL Olivenöl
1 kleine Zwiebel, in Ringe geschnitten
½ TL gemahlene Kurkuma
½ TL gemahlener Koriander
250 ml Gemüsebrühe
1 Knoblauchzehe, zerdrückt
25 g Rosinen
¼ TL Safranfäden, in 1 EL heißem Wasser eingeweicht
1 TL frisch gehackte glatte Petersilie
1 TL frisch gehackte Korianderblätter

1 Kartoffeln in kaltem Salzwasser aufsetzen, zum Kochen bringen und köcheln lassen, bis sie halb gar sind (da sie anschließend noch weiter gegart werden). Abgießen und beiseite stellen.
2 Öl in einem anderen Topf erhitzen. Zwiebel mit Kurkuma und gemahlenem Koriander darin auf kleiner Stufe 5 Minuten glasig dünsten.
3 Kartoffeln, Gemüsebrühe und Knoblauch zufügen. Zum Kochen bringen, dann herunterschalten und 10 Minuten köcheln lassen.
4 Rosinen und Safran mitsamt dem Einweichwasser zugeben. Die Mischung weitere 10 Minuten köcheln und eindicken lassen. Gehackte Petersilie und Korianderblätter unterrühren. Mit Couscous servieren.

Nährwert pro Portion
Eiweiß 10 g; Fett 6 g; Kohlenhydrate 65 g; Cholesterin 0,5 mg; 1500 kJ (358 kcal)

Safranfäden in 1 EL heißem Wasser einweichen.

Zwiebel mit Kurkuma und Koriander glasig dünsten.

Kartoffeln, Brühe und Knoblauch zugeben und aufkochen.

Hackfleischauflauf

Vorbereitungszeit: 15 Min.
Gar- und Backzeit: 45 Min.
Für 1 Person

1 TL Öl
¼ kleine Zwiebel, fein gewürfelt
¼ Karotte, fein gewürfelt
1 Knoblauchzehe, zerdrückt
200 g Rinderhackfleisch
2½ TL Mehl
375 ml Rinderbrühe
2 TL Tomatenmark
2 TL Worcestersauce
1 große (300 g) Kartoffel, fein gewürfelt
3 TL Milch
15 g Butter

1 Backofen auf 200 °C vorheizen. Eine Auflaufform (500 ml) leicht einfetten.
2 Öl in einer Pfanne erhitzen. Zwiebel- und Karottenwürfel darin 2 Minuten weich dünsten. Knoblauch und Hackfleisch zugeben und 3–4 Minuten anbraten. Mehl darüber stäuben und unterrühren. Langsam die Brühe zugießen und alles glatt rühren. Tomatenmark und Worcestersauce zufügen, zum Kochen bringen, dann den Herd herunterschalten und alles 15 Minuten einkochen lassen. Vom Herd nehmen und mit Salz und frisch gemahlenem schwarzem Pfeffer würzen.
3 Für die Kartoffelkruste die Kartoffelwürfel in einem kleinen Topf mit Wasser zum Kochen bringen und 8 Minuten weich garen. Gut abgießen und mit einem Stampfer oder einer Gabel zerdrücken. Milch und Butter zufügen und mit Salz und frisch gemahlenem schwarzem Pfeffer würzen. Zu einer glatten Masse verarbeiten.
4 Die Fleischmischung in die Auflaufform geben und die Kartoffelmasse gleichmäßig darüber ausstreichen. Dann die Oberfläche mit einer Gabel aufrauen. Den Auflauf 12–15 Minuten im Ofen garen. Auf Wunsch unter dem Grill bei starker Hitze knusprig und goldbraun backen.

Nährwert pro Portion
Eiweiß 50 g; Fett 40 g; Kohlenhydrate 50 g; Cholesterin 167 mg; 3195 kJ (763 kcal)

Mehl über das angebratene Fleisch stäuben und gut unterrühren.

Hitze reduzieren und die Mischung 15 Minuten einkochen lassen.

Kartoffelstücke in kochendem Wasser 8 Minuten weich garen.

Die Oberfläche der Kartoffelschicht mit einer Gabel aufrauen.

Herzhafte Teigtaschen

Vorbereitungszeit: 20 Min.
Gar- und Backzeit: 35 Min.
Ergibt 2 Stück

75 g Rinderhackfleisch
¼ kleine Zwiebel, fein gewürfelt
2 EL fein gewürfelte Kartoffel
2 EL fein gewürfelte Steckrübe
2 EL fein gewürfelte Karotte
1 TL frische, fein gehackte glatte Petersilie
2 Blätterteigscheiben
1 Ei, leicht verquirlt

1 Den Backofen auf 210 °C vorheizen. Hackfleisch, Petersilie, Steckrüben-Zwiebel-, Kartoffel-, und Karottenwürfel in einer Schüssel gut mischen, salzen und pfeffern.

2 Den Blätterteig zu zwei 17 cm großen Kreisen ausrollen. Jeweils die Hälfte der Füllung in die Mitte setzen und die Teigränder mit etwas Wasser bepinseln. Die Ränder über der Mitte zusammenfalten und die Naht fest zusammendrücken.

3 Die Teigtaschen mit einer Gabel einstechen, mit dem verquirlten Ei bestreichen und vorsichtig auf ein mit Backpapier ausgelegtes Blech setzen. 10 Minuten im Ofen backen, dann die Temperatur auf 190 °C herunterschalten und 25 Minuten goldbraun backen. Auf Wunsch mit grünem Salat und Ketchup servieren.

Nährwert pro Teigtasche
Eiweiß 21 g; Fett 45 g; Kohlenhydrate 65 g; Cholesterin 156 mg; 3116 kJ (745 kcal)

Hackfleisch, Gemüse und Petersilie gut mischen.

Die Füllung auf die Teigkreise geben und die Ränder zusammenfalten.

Hitze reduzieren und die Teigtaschen 25 Minuten goldbraun backen.

Kochen auf Vorrat

Frikadellen mit Speckgürtel

Vorbereitungszeit: 20 Min.
Garzeit: 15 Min.
Ergibt 4 Portionen

800 g gemischtes Schweine- und Rinderhackfleisch
125 g frische Semmelbrösel
1 Ei, leicht verquirlt
2 TL frisch gehackter Thymian
3 EL Früchte-Chutney
1 Knoblauchzehe, zerdrückt
8 dünne Scheiben Schinkenspeck, längs halbiert
8 frische Thymianzweige

1 Hackfleisch, Semmelbrösel, Ei, Thymian, Chutney und Knoblauch in einer großen Schüssel verkneten. Mit Salz und Pfeffer würzen. Die Masse in 8 gleich große Frikadellen formen.

2 Zwei halbe Speckstreifen über Kreuz um je eine Frikadelle wickeln und mit Zahnstochern befestigen. Einen Thymianzweig unter die Mitte des Speckkreuzes stecken.

3 Die Frikadellen auf ein mit Backpapier ausgelegtes Blech legen und im Gefrierschrank fest werden lassen. Dann einzeln in Frischhaltefolie einwickeln und in einem Gefrierbeutel oder luftdichten Behälter bis zu 3 Monaten tiefgefrieren.

4 Für eine Mahlzeit 2 Frikadellen im Kühlschrank auftauen. Eine dünn eingefettete Pfanne erhitzen und die Frikadellen darin bei mittlerer Hitze auf jeder Seite 6 Minuten braun braten. Mit Kartoffelecken und gedämpftem Gemüse servieren.

Nährwert pro Portion
Eiweiß 65 g; Fett 9 g; Kohlenhydrate 22 g; Cholesterin 182 mg; 1825 kJ (436 kcal)

Je 2 halbe Speckstreifen um die Frikadellen wickeln und feststecken.

Die Frikadellen in einer leicht eingefetteten Pfanne braten.

Hühnersuppe mit Gemüse

Vorbereitungszeit: 20 Min.
Garzeit: 30 Min.
Ergibt 4 Portionen

2 TL Öl
1 kleine Zwiebel, fein gewürfelt
1 Selleriestange, fein gehackt
1 kleine Karotte, gerieben
1 kleine Kartoffel, gerieben
1½ l Hühnerbrühe
2 kleine Hühnerbrustfilets, in kleine Stücke geschnitten
75 g grüne Bohnen, in 1 cm lange Stücke geschnitten
1 kleine Zucchini, gewürfelt
35 g Tiefkühlerbsen
7 g frische glatte Petersilie, fein gehackt

1 Öl erhitzen. Zwiebel und Sellerie darin unter Rühren 2–3 Minuten weich dünsten. Karotte, Kartoffel und Brühe zugeben. Unter Rühren aufkochen.
2 Herunterschalten, Hühnerstücke hineingeben und unter gelegentlichem Rühren 20 Minuten köcheln lassen (evtl. Schaum abschöpfen).
3 Bohnen, Zucchini und Erbsen zufügen und 5 Minuten köcheln lassen. Petersilie unterrühren und mit Pfeffer würzen. Abkühlen lassen. In 4 Portionen aufteilen und in Gefrierbeuteln oder luftdichten Behältern bis zu 3 Monate tiefgefrieren. Zum Servieren im Kühlschrank oder in der Mikrowelle auftauen und in einem Topf auf mittlerer Stufe erhitzen.

Nährwert pro Portion
Eiweiß 14 g; Fett 4 g; Kohlenhydrate 7 g; Cholesterin 25 mg; 490 kJ (117 kcal)

Schaum mit einem Schaumlöffel von der Oberfläche abschöpfen.

Bohnen, Zucchini und Erbsen zugeben und köcheln lassen.

Die abgekühlte Suppe zum Tiefgefrieren in 4 Portionen aufteilen.

Huhn in Oliven-Tomatensauce

Vorbereitungszeit: 20 Min.
Garzeit: 1 Std.
Ergibt 4 Portionen

2 EL Olivenöl
1 rote Zwiebel, in dünne Spalten geschnitten
1 Selleriestange, in Scheiben geschnitten
150 g Champignons, in dünne Scheiben geschnitten
3–4 Knoblauchzehen, in dünne Scheiben geschnitten
8 Hähnchenschenkel, ohne Haut und Fett
Mehl, zum Bestäuben
125 ml Weißwein
300 ml Hühnerbrühe
1 Dose (400 g) Pizzatomaten
1 EL Tomatenmark
60 g schwarze Oliven
1 EL Kapern

1 Die Hälfte des Öls in einer beschichteten Pfanne erhitzen. Zwiebel, Sellerie, Champignons und Knoblauch darin unter Rühren 5 Minuten weich dünsten. Aus der Pfanne nehmen.

2 Hähnchenschenkel in Mehl wälzen und abschütteln. Das restliche Öl in der Pfanne erhitzen und die Schenkel darin unter einmaligem Wenden 5 Minuten anbraten. Wein und Brühe zugießen und 2 Minuten köcheln lassen.

3 Das Gemüse zurück in die Pfanne geben. Tomaten und Mark zufügen. Halb abgedeckt 40 Minuten köcheln und eindicken lassen. Oliven und Kapern zugeben und mit Pfeffer würzen. Abkühlen lassen, in 4 Portionen aufteilen und bis zu 3 Monate tiefgefrieren. Zum Servieren auftauen und langsam erhitzen. Mit Nudeln oder Reis servieren.

Nährwert pro Portion
Eiweiß 11 g; Fett 11 g; Kohlenhydrate 11 g; Cholesterin 14 mg; 874 kJ (210 kcal)

Zwiebel, Sellerie, Champignons und Knoblauch in einer Pfanne andünsten.

Hähnchenschenkel unter einmaligem Wenden braun anbraten.

Tomaten und Tomatenmark zugeben und 40 Minuten köcheln lassen.

Vegetarische Lasagne

Vorbereitungszeit: 20 Min.
Gar- und Backzeit: 40 Min.
Ergibt 4 Stück

1 Paket (250 g) Lasagne-Nudeln
1 EL Olivenöl
2 Knoblauchzehen, zerdrückt
2 Dosen (je 400 g) Pizzatomaten
1 EL Tomatenmark
1 TL brauner Zucker
200 g getrocknete Tomaten, klein geschnitten
50 g frische Basilikumblätter
50 g junger Blattspinat, ohne Stiele
600 g fettarmer Ricottakäse, zimmerwarm
125 g Gouda, gerieben

1 Vier kleine Auflaufformen (11 cm x 11 cm) dünn einfetten. Lasagneplatten in zwölf 11 cm große Quadrate schneiden und in einem großen Topf mit kochendem Salzwasser portionsweise 1 Minute al dente garen. Auf ein leicht geöltes Brett legen, damit sie nicht zusammenkleben.

2 Öl in einem Topf auf mittlerer Stufe erhitzen. Knoblauch darin 1 Minute anschwitzen. Tomaten, Tomatenmark, Zucker, getrocknete Tomaten und Basilikum zugeben. 10–15 Minuten köcheln und leicht eindicken lassen.

3 Auf den Boden jeder Form 1 Lasagneplatte legen und die Hälfte der Tomatensauce darauf verteilen. Jeweils eine zweite Nudelplatte darauf geben und mit der restlichen Tomatensauce bestreichen. Die Spinatblätter darauf verteilen und mit einer Nudelplatte abschließen. Mit Ricotta bestreichen und mit Gouda bestreuen. Die Formen mit Frischhaltefolie abgedeckt in Alufolie einwickeln und beschriften. Die tiefgefrorene Lasagne hält sich bis zu 3 Monate. Zum Servieren eine Lasagne auftauen lassen und den Backofen auf 200 °C vorheizen. 20 Minuten goldbraun backen und mit einem frischen grünen Salat oder gedünstetem Gemüse der Saison servieren.

Nährwert pro Portion
Eiweiß 33 g; Fett 30 g; Kohlenhydrate 55 g; Cholesterin 95 mg; 2620 kJ (626 kcal)

Lasagneplatten in kochendem Salzwasser al dente garen.

Die Tomaten-Basilikum-Sauce leicht einkochen lassen.

Den Blattspinat auf der Tomatensauce verteilen.

Die einzelnen Formen mit Frischhaltefolie abdecken.

Rindfleisch-Pilz-Pie

Vorbereitungszeit: 10 Min.
Kühlzeit: 30 Min.
Gar- und Backzeit: 45 Min.
Ergibt 4 Stück

1 EL Öl
400 g Rumpsteak, in 2 cm große Würfel geschnitten
1 Zwiebel, gewürfelt
250 g Champignons, in Scheiben geschnitten
3 Knoblauchzehen, zerdrückt
2 EL Mehl
250 ml Rinderbrühe
100 g Tomatenmark
100 g saure Sahne
4 küchenfertig ausgerollte Blätterteigplatten
1 Ei, leicht verquirlt

1 Öl in einer großen Pfanne erhitzen. Steakwürfel darin 5 Minuten anbraten. Zwiebel, Champignons und Knoblauch zufügen und 2–3 Minuten weich braten. Mehl darüber stäuben und unter Rühren 1 Minute anschwitzen. Langsam die Brühe zugießen. Tomatenmark untermischen, alles zum Kochen bringen, dann die Hitze reduzieren und 3 Minuten köcheln und leicht eindicken lassen. Saure Sahne unterziehen, den Topf vom Herd nehmen und abkühlen lassen.

2 Vier Pie-Formen (Ø 9 cm) dünn einfetten. Aus jeder Teigplatte 2 Kreise mit einem Durchmesser von 16 cm und 12,5 cm ausschneiden. Je eine Form mit einem der größeren Kreise auslegen, den überstehenden Teig abschneiden. Die ausgelegten Formen und die kleineren Teigkreise 30 Minuten im Kühlschrank kalt stellen.

3 Die Füllung auf die Formen verteilen. Den Teigrand mit verquirltem Ei bestreichen und jeweils den kleineren Teigkreis darauf setzen. Die Ränder fest zusammendrücken und mit einer Gabel verzieren. Schlitze in den Deckel schneiden, damit der Gardampf entweichen kann. Die Pies einzeln zuerst in Frischhaltefolie, dann in Alufolie einwickeln. In dieser Verpackung tiefgefroren halten sie sich bis zu 3 Monate.

4 Zum Servieren eine Pie auftauen. Den Backofen mit einem Backblech auf 220 °C vorheizen. Die Pie auf das heiße Blech setzen und 30 Minuten goldbraun backen. Danach aus dem Ofen nehmen und sofort auf einem Servierteller anrichten.

Nährwert pro Portion
Eiweiß 37 g; Fett 36 g; Kohlenhydrate 57 g; Cholesterin 134 mg; 2985 kJ (710 kcal)

Tomatenmark zugeben, aufkochen, dann die Hitze reduzieren und köcheln lassen.

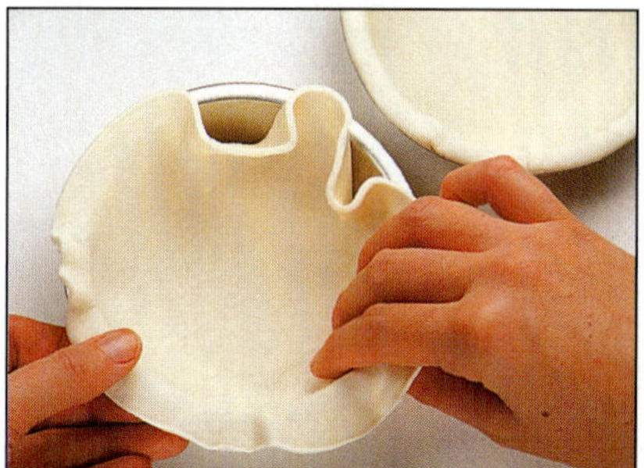

Pie-Formen mit den größeren Teigkreisen auslegen.

Die kleineren Teigkreise obenauf setzen und die Ränder zusammendrücken.

Hühnerschmortopf mit weißen Bohnen und Zucchini

Vorbereitungszeit: 15 Min.
Garzeit: 1 Std.
Ergibt 4 Portionen

1 EL Olivenöl
8 Hähnchenschenkel, ohne Haut und Fett
1 Zwiebel, halbiert und in dünne Ringe geschnitten
4 Knoblauchzehen, fein gehackt
60 ml Weißwein
250 ml Hühnerbrühe
1 EL frischer, fein gehackter Rosmarin
1 TL geriebene Zitronenschale
1 Lorbeerblatt
2 Dosen (je 400 g) weiße Bohnen, abgespült und abgetropft
3 Zucchini, längs halbiert und diagonal in Scheiben geschnitten

1 Öl in einem großen Schmortopf erhitzen. Hähnchenschenkel darin portionsweise auf jeder Seite 4 Minuten anbraten. Aus dem Topf nehmen.

2 Zwiebel in den Topf geben und 5 Minuten glasig dünsten. Knoblauch zufügen und 1 Minute anschwitzen. Wein und Brühe zugießen, zum Kochen bringen und durch Rühren eventuellen Bratensatz vom Topfboden lösen.

3 Den gehackten Rosmarin, geriebene Zitronenschale, das Lorbeerblatt und die Hähnchenschenkel mitsamt Fleischsaft in den Topf geben. Den Herd herunterschalten und die Mischung abgedeckt 45 Minuten köcheln lassen. Bohnen und Zucchini gut untermischen. In 4 Portionen aufteilen und in luftdichten Behältern oder Gefrierbeuteln mit Zip-Verschluss bis zu 3 Monate tiefgefrieren. Zum Servieren langsam auftauen und in der Mikrowelle oder auf dem Herd auf mittlerer Stufe erhitzen. Als Beilage zum Schmortopf gedämpften Reis servieren.

Nährwert pro Portion
Eiweiß 37 g; Fett 8 g; Kohlenhydrate 25 g; Cholesterin 50 mg; 1394 kJ (334 kcal)

Hähnchenschenkel portionsweise in einem großen Schmortopf anbraten.

Die abgespülten und abgetropften Bohnen und die Zucchini unterrühren.

In 4 Portionen aufteilen und in Gefrierbeuteln tiefgefrieren.

Mediterraner Lammtopf

Vorbereitungszeit: 15 Min.
Garzeit: 1 Std. 5 Min.
Ergibt 4 Portionen

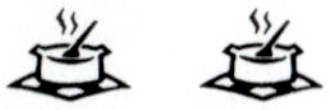

1 EL Olivenöl
750 g Lammkeule ohne Knochen, gewürfelt
1 große Zwiebel, in Ringe geschnitten
2 Knoblauchzehen, zerdrückt
2 Karotten, klein geschnitten
2 Pastinaken, klein geschnitten
1 Dose (400 g) Pizzatomaten
2 EL Tomatenmark
2 TL frisch gehackter Rosmarin
125 ml Rotwein
250 ml Hühnerbrühe

1 Das Öl in einer großen Pfanne erhitzen. Das Lammfleisch darin portionsweise 3–4 Minuten anbraten. Aus der Pfanne nehmen und warm stellen. Zwiebelringe und Knoblauch in der Pfanne 2–3 Minuten glasig dünsten.
2 Lammwürfel mitsamt Fleischsaft zurück in die Pfanne geben. Die restlichen Zutaten zufügen, zum Kochen bringen, dann den Herd herunterschalten und die Mischung abgedeckt 50 Minuten köcheln und eindicken lassen. In 4 Portionen aufteilen und in luftdichten Behältern oder Gefrierbeuteln mit Zip-Verschluss tiefgefrieren. Zum Servieren auftauen und in der Mikrowelle oder auf dem Herd langsam erhitzen. Tiefgefroren hält sich der Lammtopf bis zu 3 Monate.

Nährwert pro Portion
Eiweiß 45 g; Fett 12 g; Kohlenhydrate 12 g; Cholesterin 125 mg; 1517 kJ (362 kcal)

TIPP
Serviervorschlag: Mit Polenta servieren. Für 1 Portion Polenta 200 ml Hühnerbrühe und 50 ml Wasser in einem Topf zum Kochen bringen. 35 g Polenta einrühren, dann die Hitze reduzieren und alles 5 Minuten köcheln und eindicken lassen. 1 TL geriebenen Parmesan untermischen und servieren.
Polenta eignet sich nicht zum Tiefgefrieren und sollte deshalb direkt vor dem Servieren frisch zubereitet werden.

Zwiebelringe und Knoblauch in der Pfanne glasig dünsten.

Die Sauce mit dem Lammfleisch köcheln und eindicken lassen.

Quiche mit Zwiebeln und Röstpaprika

Vorbereitungszeit: 25 Min.
Kühlzeit: 30 Min.
Gar- und Backzeit: 1 Std. 15 Min.
Ergibt 4 Portionen

185 g Mehl
125 g kalte Butter, gewürfelt
1 Eigelb

Füllung
2 rote Paprikaschoten
25 g Butter
125 g Schinkenspeck, fein gewürfelt
1 große Zwiebel, in Ringe geschnitten
2 TL Zucker
125 ml Sahne
2 Eier

1 Den Backofen auf 180 °C vorheizen. Eine kleine Quiche-Form (Ø 22 cm) dünn einfetten.

2 Mehl und Butter in einer Schüssel mit den Fingerspitzen zu einer fein krümeligen Mischung verarbeiten. Eigelb und 2 EL Wasser zugeben und mit einem Palettenmesser einen groben Teig herstellen (wenn der Teig zu trocken ist, noch etwas Wasser zufügen). Auf eine leicht bemehlte Arbeitsfläche geben und zu einer glatten Kugel formen. Mit Frischhaltefolie abgedeckt 30 Minuten kalt stellen.

3 Den Teig zwischen 2 Lagen Backpapier auf die Größe der vorbereiteten Form ausrollen. Die Form mit dem Teig auslegen, überstehenden Teig mit einem scharfen Messer abschneiden. Ein Pergamentpapier auf die Größe des Formbodens zuschneiden und auf den Teig legen. Eine gleichmäßige Schicht Reis oder Trockenbohnen darauf verteilen und den Teig 7 Minuten blindbacken. Dann Reis und Papier entfernen und den Teig weitere 8 Minuten im Ofen goldgelb backen. Eventuelle Luftblasen im Teig mit einem Geschirrtuch vorsichtig flach drücken, solange der Teig noch heiß ist. Abkühlen lassen.

4 Für die Füllung die Paprika putzen und in große Stücke schneiden. Mit der Haut nach oben auf ein mit Backpapier ausgelegtes Blech legen und bei starker Hitze unter dem Backofengrill 10 Minuten rösten, bis die Haut schwarz wird und Blasen wirft. In einem Gefrierbeutel abkühlen lassen. Dann die Haut abziehen und das Fleisch in dünne Streifen schneiden.

5 Butter in einer Pfanne erhitzen. Speck darin 3–4 Minuten knusprig braten. Zwiebelringe zugeben und bei schwacher Hitze 10 Minuten glasig dünsten. Den Zucker zufügen und unter Rühren vollständig auflösen. Die Speckmischung auf dem vorgebackenen Teig verteilen und die Paprikastreifen darüber geben.

6 Sahne und Eier in einer Schüssel verrühren, salzen und pfeffern und über den Speck und die Paprikastreifen geben. Im Ofen 30–35 Minuten goldbraun backen. Abkühlen lassen, aus der Form nehmen und in 4 gleich große Stücke teilen. Die einzelnen Viertel in Frischhaltefolie einwickeln und in Gefrierbeuteln oder luftdichten Behältern bis zu 3 Monate tiefgefrieren. Zum Servieren auftauen und ohne Folie bei 180 °C im Ofen 10 Minuten erhitzen.

Nährwert pro Portion
Eiweiß 18 g; Fett 50 g; Kohlenhydrate 42 g; Cholesterin 290 mg; 2875 kJ (685 kcal)

Teigzutaten mit einem Palettenmesser zu einem groben Teig verarbeiten.

Den ausgerollten Teig in die vorbereitete Form legen und die Ränder säubern.

Den Teig im Backofen bei 180 °C goldgelb backen.

Die Paprika häuten und in dünne Streifen schneiden.

Zucker zur Speck-Zwiebel-Mischung geben und unter Rühren auflösen.

Sahne und Eier verrühren und über den Speck und die Paprikastreifen geben.

Chili con carne

Vorbereitungszeit: 10 Min.
Garzeit: 50 Min.
Ergibt 4 Portionen

1 EL Olivenöl
1 Zwiebel, fein gewürfelt
3 Knoblauchzehen, zerdrückt
1 Selleriestange, gehackt
500 g mageres Rinderhackfleisch
2 TL Chilipulver
1 Prise Cayennepfeffer
1 TL getrockneter Oregano
1 Dose (440 g) Pizzatomaten
2 EL Tomatenmark
1 TL brauner Zucker
1 EL Apfel- oder Rotweinessig
1 Dose (420 g) Kidneybohnen, abgegossen und abgespült

1 Öl in einem großen Topf erhitzen. Zwiebel, Knoblauch und Sellerie darin auf mittlerer Stufe unter Rühren 5 Minuten weich dünsten. Hackfleisch zugeben und bei starker Hitze 5 Minuten anbraten (größere Stücke zerkrümeln).

2 Chilipulver, Cayennepfeffer und Oregano zugeben und 2 Minuten anschwitzen. Tomaten und Tomatenmark gut untermischen.

3 Hitze reduzieren und unter gelegentlichem Rühren 30 Minuten köcheln lassen. Zucker, Essig und Bohnen zugeben, salzen und pfeffern. 5 Minuten erhitzen, dann abkühlen lassen. In 4 Portionen aufteilen und in luftdichten Behältern oder Gefrierbeuteln tiefgefrieren. Zum Servieren auftauen und langsam erhitzen. Als pikante Beilage eignen sich saure Sahne, Guacamole und knusprige Tortillachips.

Nährwert pro Portion
Eiweiß 40 g; Fett 18 g; Kohlenhydrate 7 g; Cholesterin 392 mg; 1467 kJ (350 kcal)

Hackfleisch gut anbraten, größere Stücke mit einem Löffel zerkrümeln.

Tomaten und Tomatenmark unter die Fleischmischung rühren.

Kidneybohnen in den Topf geben und erhitzen.

Lamm-Tagine

Vorbereitungszeit: 15 Min.
Garzeit: 1 Std. 10 Min.
Ergibt 4 Portionen

- 2 TL gemahlener Kreuzkümmel
- 2 TL gemahlener Koriander
- 1 TL gemahlener Ingwer
- ½ TL gemahlene Paprika
- ¼ TL gemahlener Safran
- 60 g Ghee oder geklärte Butter
- 1 kg Lammkeule ohne Knochen, gewürfelt
- 2 Zwiebeln, gewürfelt
- 3 Knoblauchzehen, zerdrückt
- 1 Dose (400 g) geschälte Tomaten
- 375 ml Hühnerbrühe
- 2 EL Tomatenmark
- 1 Zimtstange
- 2 Lorbeerblätter
- 100 g getrocknete Aprikosen
- 2 Zucchini, in 1 cm dicke Scheiben geschnitten
- 15 g frische Korianderblätter, gehackt

1 Eine Pfanne auf kleiner Flamme erhitzen. Die Gewürze ohne Fett 1 Minute anrösten (nicht anbrennen lassen!).

2 Ghee bzw. Butter zur Hälfte in einem großen Topf zerlassen. Lammfleisch darin portionsweise bei starker Hitze 2–3 Minuten anbraten. Aus dem Topf nehmen.

3 Den Rest Ghee bzw. Butter im selben Topf erhitzen. Zwiebelwürfel und Knoblauch darin auf mittlerer Stufe 1–2 Minuten glasig dünsten. Lammfleisch zurück in den Topf geben. Tomaten, Hühnerbrühe, Tomatenmark, Zimtstange, Lorbeerblätter und die angerösteten Gewürze zufügen und gut mischen. Herunterschalten und abgedeckt 30 Minuten köcheln lassen.

4 Aprikosen, Zucchini und Koriander unterrühren und ohne Deckel 30 Minuten schmoren lassen. Zimtstange und Lorbeer entfernen. Salzen, pfeffern und abkühlen lassen. In 4 Portionen aufteilen und einzeln tiefgefrieren. Zum Servieren auftauen und langsam erhitzen. Mit Couscous oder Reis servieren.

Nährwert pro Portion
Eiweiß 57 g; Fett 22 g; Kohlenhydrate 9 g; Cholesterin 200 mg; 1940 kJ (465 kcal)

Gewürze in einer Pfanne ohne Fett bei schwacher Hitze rösten.

Fleisch, Gewürze, Tomaten, Brühe und Tomatenmark köcheln lassen.

Zimtstange und Lorbeerblätter vor dem Tiefgefrieren entfernen.

Lammkeule in Thymian-Tomatensauce

Vorbereitungszeit: 15 Min.
Garzeit: 2 Std.
Ergibt 4 Portionen

2 EL Öl
4 Lammkeulen (2 kg)
2 Zwiebeln, fein gewürfelt
2 Knoblauchzehen, fein gehackt
2 Karotten, gewürfelt
2 Selleriestangen, gewürfelt
1½ TL getrockneter Thymian
2 Lorbeerblätter
½ TL Paprika
2 Dosen (je 400 g) Pizzatomaten
60 g Tomatenmark
60 ml Rotwein
250 ml Rinderbrühe

1 Öl in einem großen Topf auf höchster Stufe erhitzen. Lammkeulen darin paarweise 5 Minuten anbraten. Aus dem Topf nehmen.
2 Zwiebeln, Knoblauch, Karotten und Sellerie in den Topf geben und bei mittlerer Hitze 4–5 Minuten weich dünsten. Auf starke Hitze hochschalten und unter Rühren 10 Minuten leicht karamellisieren lassen.
3 Thymian, Lorbeerblätter und Paprika zufügen und anschwitzen. Tomaten, Tomatenmark, Wein und Brühe zugeben und gut unterrühren. Aufkochen und die Keulen zurück in den Topf geben. Herunterschalten und mit leicht geöffnetem Deckel 1 Stunde 30 Minuten köcheln lassen. Abkühlen lassen.
4 In 4 Portionen aufteilen und in Gefrierbeuteln oder luftdichten Behältern bis zu 3 Monate tiefgefrieren. Zum Servieren auftauen und in der Mikrowelle oder auf dem Herd langsam erhitzen. Mit Kartoffelpüree oder Reis anrichten und servieren.

Nährwert pro Portion
Eiweiß 123 g; Fett 20 g; Kohlenhydrate 13 g; Cholesterin 330 mg; 3095 kJ (740 kcal)

Lammkeulen bei starker Hitze 5 Minuten anbraten.

Zwiebeln, Knoblauch, Karotten und Sellerie leicht karamellisieren lassen.

1 Stunde 30 Minuten köcheln lassen, bis das Fleisch vom Knochen fällt.

Rindercurry

Vorbereitungszeit: 15 Min.
Garzeit: 1 Std. 35 Min.
Ergibt 4 Portionen

1 EL Ghee oder Öl
1 Zwiebel, fein gewürfelt
2 EL Madras-Currypaste
2 Knoblauchzehen, zerdrückt
1 kg Rindfleisch (Kamm oder Schulter) in 2 cm große Würfel geschnitten
60 g Tomatenmark
250 ml Rinderbrühe
1 TL Zucker

1 Ghee bzw. Öl in einem großen Topf erhitzen. Zwiebel darin 1–2 Minuten glasig dünsten. Currypaste und Knoblauch zugeben und unter Rühren 1 Minute anschwitzen.
2 Fleischwürfel in den Topf geben und gut untermischen.
3 Tomatenmark und Rinderbrühe unterrühren. Aufkochen, dann die Hitze reduzieren und abgedeckt 1 Stunde 30 Minuten köcheln lassen. Zucker unterrühren. Abkühlen lassen. In 4 Portionen aufteilen und in luftdichten Behältern oder Gefrierbeuteln mit Zip-Verschluss bis zu 3 Monate tiefgefrieren. Zum Servieren auftauen und in der Mikrowelle oder auf dem Herd langsam erhitzen. Mit Reis servieren.

Nährwert pro Portion
Eiweiß 55 g; Fett 13 g; Kohlenhydrate 5 g; Cholesterin 168 mg; 1460 kJ (350 kcal)

TIPP
Der Geschmack des Gerichts lässt sich mit anderen Currypasten variieren.

Rinderfleisch mit einem scharfen Messer in 2 cm große Würfel schneiden.

Die Fleischwürfel in den Topf geben und gut untermischen.

Herunterschalten und das Curry 1 Stunde 30 Minuten köcheln lassen.

Süße Leckereien

Beeren-Gratin

Vorbereitungszeit: 5 Min.
Backzeit: 5 Min.
Für 1 Person

150 g frischer Beerenmix (Himbeeren, Heidelbeeren, Erdbeeren)
2 Eigelb
1 EL Zucker
3 TL Grand Marnier

1 Eine flache Auflaufform (325 ml) dünn mit zerlassener Butter auspinseln. Die Beeren in der Form verteilen.
2 Eigelbe, Zucker und Grand Marnier in eine kleine feuerfeste Schüssel geben und im Wasserbad mit dem Handrührgerät 4 Minuten zu einer dicken Creme aufschlagen.
3 Über die Beeren geben. Unter dem Backofengrill bei starker Hitze wenige Sekunden goldgelb überbacken. Sofort servieren.

Nährwert pro Portion
Eiweiß 7 g; Fett 10 g; Kohlenhydrate 35 g; Cholesterin 355 mg; 1195 kJ (285 kcal)

TIPP

Variation: Dieses Gratin kann mit beliebigen Beerenkombinationen zubereitet werden. Auch Tiefkühlbeeren sind geeignet: einfach auftauen und mit Küchenpapier trocken tupfen. Probieren Sie an Stelle des Grand Marniers auch Cointreau oder frischen Orangensaft. In letzterem Fall zur Intensivierung des Aromas noch ¼ TL fein geriebene Orangenschale zugeben.

Eigelb, Zucker und Grand Marnier zu einer dicken Creme aufschlagen.

Die Grand-Marnier-Creme über die Beeren geben.

Pfannküchlein mit Heidelbeer-Sauce

Vorbereitungszeit: 10 Min.
Garzeit: 15 Min.
Für 1 Person

30 g Mehl
¼ TL Backpulver
¼ TL Natron
1 EL Zucker
1 Eigelb
10 g Butter, zerlassen
75 ml Buttermilch
1 EL Buttermilch, zusätzlich, nach Belieben
5 g Butter, zusätzlich
1 Kugel Vanilleeis, zum Servieren

Heidelbeer-Sauce
50 g Heidelbeeren, frisch oder tiefgekühlt
1 EL Zucker
75 ml Orangensaft
2 TL Zitronensaft
1 EL geriebene Orangenschale

1 Mehl, Backpulver und Natron in eine Schüssel sieben und Zucker zugeben. Eine Mulde in die Mitte drücken. Eigelb, Butter und Buttermilch in einer anderen Schüssel verrühren, in die Mulde geben und glatt rühren. Wenn der Teig zu dick zum Gießen ist, noch 1 EL Buttermilch unterrühren.

2 Die zusätzliche Butter in einer beschichteten Pfanne auf mittlerer Stufe zerlassen. Ein Drittel des Teigs hineingießen und 2 Minuten ausbacken. Den Pfannkuchen wenden und von der anderen Seite backen. Aus der Pfanne nehmen. Mit dem restlichen Teig 2 weitere Pfannkuchen backen.

3 **Für die Heidelbeer-Sauce:** Die Heidelbeeren, den Zucker, den Orangensaft, den Zitronensaft und die Hälfte der geriebenen Orangenschale in einem kleinen Topf vorsichtig zum Kochen bringen. Den Herd herunterschalten und die Sauce 5 Minuten köcheln lassen. Die Pfannkuchen übereinander legen und 1 Kugel Eis darauf setzen. Die fertige Sauce vorsichtig darüber gießen und mit der restlichen geriebenen Orangenschale garnieren.

Nährwert pro Portion
Eiweiß 11 g; Fett 18,5 g; Kohlenhydrate 90 g; Cholesterin 219 mg; 2322 kJ (552 kcal)

Die Buttermilchmischung zum Mehl geben und zu einem glatten Teig rühren.

Ein Drittel des Teigs in die Pfanne geben und 2 Minuten backen, dann wenden.

Die Heidelbeer-Sauce 5 Minuten köcheln und leicht eindicken lassen.

Reispudding

Vorbereitungszeit: 5 Min.
Einweichzeit: 10 Min.
Backzeit: 1 Std. 20 Min.
Für 1 Person

2 EL Milchreis
300 ml Milch
3 TL Zucker
2 TL Sultaninen
1 Prise geriebene Muskatnuss

1 Backofen auf 160 °C vorheizen. Eine Auflaufform (500 ml) leicht einfetten.
2 Den Reis, die Milch und den Zucker gründlich in einer Schüssel verrühren. Die Mischung 10 Minuten quellen lassen. Die Sultaninen und die Prise Muskat untermischen. In die vorbereitete Form geben und im Ofen 1 Stunde 20 Minuten backen.
3 Den Milchreis 5 Minuten ruhen lassen und evtl. die Haut entfernen. Mit Sahne oder etwas Milch servieren.

Nährwert pro Portion
Eiweiß 13 g; Fett 12 g; Kohlenhydrate 55 g; Cholesterin 40 mg; 1590 kJ (380 kcal)

Milch, Zucker und Reis mischen und 10 Minuten einweichen lassen.

Sultaninen und Muskat zu der Reis-Milch-Mischung geben.

Den Milchreis 1 Stunde 20 Minuten im Ofen backen.

Himbeer-Brombeer-Parfait

Vorbereitungszeit: 5 Min.
Ruhezeit: 20 Min.
Garzeit: keine
Für 1 Person

50 g frische oder tiefgekühlte Brombeeren
50 g frische oder tiefgekühlte Himbeeren
1 EL Grand Marnier
50 g Kokosmakronen
100 g Naturjogurt, mit Honig gesüßt
2 Kugeln Vanilleeis

1 Brombeeren, Himbeeren und Grand Marnier gründlich in einer Schüssel mischen und 20 Minuten unter gelegentlichem Umrühren ziehen lassen.
2 Die Kokosmakronen in einem Gefrierbeutel vorsichtig mit einem Nudelholz zerstoßen. Die Hälfte der Krümel in ein schlankes Dessertglas füllen. Die Hälfte des Jogurts darüber geben, dann die Hälfte der Beerenmischung und 1 Kugel Eiscreme darauf schichten. Mit dem Rest Makronenkrümel, Jogurt und Beeren ebenso verfahren und mit der zweiten Eiskugel abschließen.

Nährwert pro Portion
Eiweiß 9 g; Fett 19 g; Kohlenhydrate 56 g; Cholesterin 28 mg; 1932 kJ (460 kcal)

TIPP
Die Tiefkühlbeeren sollten vor der Zubereitung etwas auftauen. Ein wenig Saft von den aufgetauten Beeren auffangen, beiseite stellen und kurz vor dem Servieren über das angerichtete Vanilleeis träufeln.

Beeren und Grand Marnier mischen und 20 Minuten ziehen lassen.

Makronen in einen Gefrierbeutel geben und mit dem Nudelholz zerstoßen.

Die restlichen Beeren in das Glas geben und mit 1 Kugel Eiscreme abschließen.

Gegrillte Kardamom-Birne

Vorbereitungszeit: 10 Min.
Backzeit: 5 Min.
Für 1 Person

Honigjogurt
60 g griechischer Naturjogurt
½ TL Honig
¼ TL fein geriebene Orangenschale

1 kleine reife Birne, halbiert und entkernt (siehe TIPP)
20 g Butter, zerlassen
30 g Marzipan, fein gewürfelt
1 EL brauner Zucker
½ TL gemahlener Kardamom

1 **Für den Honigjogurt:** Jogurt, Honig und Orangenschale in einer kleinen Schüssel gut verrühren.
2 Die Birnenhälften in eine flache Auflaufform legen und mit der Hälfte der Butter bestreichen. Mit der Schale nach oben bei starker Hitze 2 Minuten im Ofen grillen.
3 Die Birnenhälften aus dem Ofen nehmen, wenden und das Marzipan darauf verteilen. Zucker und Kardamom in einer kleinen Schüssel gut mischen und über das Marzipan streuen. Die Birnenhälften mit der restlichen Butter beträufeln und unter dem Grill 1 Minute goldbraun backen. Heiß mit einem Löffel Honigjogurt servieren.

Nährwert pro Portion
Eiweiß 5 g; Fett 25 g; Kohlenhydrate 42 g, Cholesterin 60 mg; 1665 kJ (398 kcal)

TIPP
Zum Entkernen der Birnenhälften einfach die Spitze eines Teelöffels vorsichtig um das Gehäuse drehen.
Serviervorschlag: Mit frischen Panettone-Scheiben servieren.

Jogurt, Honig und Orangenschale in einer Schüssel gut verrühren.

Die Birnenhälften in einer Auflaufform unter den Grill legen, dann wenden.

Die Birne mit Marzipanwürfeln und Kardamomzucker bestreuen.

Fabelhafte Obstdesserts

Köstlich und frisch – Obst ist der perfekte Abschluss für jede Mahlzeit. Wenn Sie etwas Ausgefalleneres suchen, sollten Sie einen dieser traumhaften Obstnachtische probieren.

Mango-Granita

175 g tiefgekühlte Mangostücke, 2 EL Sauternes und 2 TL Limettensaft im Mixer zu einer glatten Masse verarbeiten. 200 ml Wasser und 1 TL Puderzucker untermischen. In einer flachen Metallschüssel tiefgefrieren, bis die Mischung am Rand fest wird, dann mit einer Gabel durchrühren. Alle ½ Stunde wiederholen, bis die Mischung große Eiskristalle aufweist. Am Ende nochmals durchrühren und tiefgefrieren.

Rum-Banane

Eine reife Banane quer halbieren. 30 g Butter in einer kleinen Pfanne zerlassen. 1 EL braunen Zucker zufügen und unter Rühren auflösen, Acht geben, dass er nicht anbrennt. 2 EL Rum und 2 EL Sahne zugeben und gut unterrühren. Die Bananenhälften in die Pfanne geben und auf jeder Seite 1–2 Minuten braten. Auf einem Teller anrichten und mit der Sauce beträufeln. Heiß mit Eiscreme servieren.

Arme Ananas-Ritter

1 EL Milch, 1 Ei und 60 ml Ananassaft in einer kleinen Schüssel gut verquirlen. 20 g Butter in einer Pfanne erhitzen. 2 dicke Scheiben Hefezopf oder süßes Brioche mit beiden Seiten in die Milch-Ananassaft-Mischung tauchen und kurz einweichen lassen. Die Scheiben in der Pfanne unter vorsichtigem Wenden auf jeder Seite 2–3 Minuten goldbraun braten. Aus der Pfanne nehmen und noch heiß mit Eiscreme servieren.

Obst mit Baiser-Haube

Backofen auf 220 °C vorheizen. 1 Pfirsich halbieren und entsteinen. Mit der Schnittfläche nach unten in eine Schüssel legen und mit kochendem Wasser überbrühen. Mit kaltem Wasser abschrecken, abgießen und häuten. 10 g Marzipan zu 2 Kugeln formen und anstelle des Steins in die Frucht geben. Die Frucht wieder zusammensetzen und in eine Auflaufform legen. 1 Eiweiß fast steif schlagen, langsam 60 g Zucker zugeben und dann ganz steif schlagen. Den Eischnee auf die Frucht streichen und mit einer Gabel aufrauen. Mit feinstem Zucker bestreuen und 15–20 Minuten backen. Mit Eiscreme servieren.

Birnentasche

Backofen auf 200 °C vorheizen. 10 g Butter in einer kleinen Pfanne zerlassen. 150 g Birnenstücke aus der Dose, 1 TL braunen Zucker und 1 Prise Zimt darin 2–3 Minuten leicht karamellisieren lassen. Aus 1 Blätterteigplatte 2 Kreise (Ø 14 cm) ausschneiden. Je die Hälfte der Birnenmischung in die Mitte setzen, den Rand mit verquirltem Ei bestreichen, zusammenfalten und mit einer Gabel fest zusammendrücken. Auf ein gefettetes Blech legen, mit Ei bestreichen, mit Zucker bestreuen und 20–25 Minuten goldbraun backen. Mit Sahne servieren.

Marokkanische Orange mit Panettone

60 ml Wasser und 1½ EL Zucker in einen kleinen Topf geben und bei schwacher Hitze auflösen. 3 Kardamomkapseln und ½ TL Orangenblütenwasser zufügen. Hochschalten und 3–4 Minuten leicht einkochen lassen. Kapseln entfernen und 1 filetierte Orange untermischen. 1 kleinen Panettone in 3 Scheiben schneiden. 15 g Butter in einer Pfanne erhitzen und die Scheiben darin auf jeder Seite 1 Minute bräunen. Auf einen Teller legen, Orangenfilets mit Sauce darüber geben und mit gerösteten Pistazien bestreuen.

Im Uhrzeigersinn, von links oben: Mango-Granita, Rum-Banane, Arme Ananas-Ritter, Marokkanische Orange mit Panettone, Birnentasche, Obst mit Baiser-Haube.

Mousse au chocolat

Vorbereitungszeit: 15 Min.
Kühlzeit: 2 Std.
Garzeit: 5 Min.
Für 1 Person

50 g dunkle Schokolade, gehackt
60 ml Sahne
1 Ei, getrennt
1 Eiweiß
2 TL Zucker
geriebene Schokolade, zum Garnieren

1 Schokolade und 1 EL Sahne in eine feuerfeste Schüssel geben. Einen Topf mit Wasser zum Kochen bringen, dann vom Herd nehmen. Die feuerfeste Schüssel über den Topf stellen (der Schüsselboden darf das Wasser nicht berühren). Die Schokolade unter gelegentlichem Rühren schmelzen, dann vorsichtig die Sahne unterrühren. Das Eigelb vorsichtig mit einem Holzlöffel unterheben.

2 Die Eiweiße in einer sauberen, trockenen Schüssel mit dem Rührgerät fast steif schlagen. Nach und nach den Zucker zugeben und die Mischung weitere 30 Sekunden schlagen. Dann den Eischnee unter die Schokolade heben. Die restliche Sahne sehr steif schlagen und ebenfalls unter die Mischung heben. In eine Dessertschale füllen und mit fein geriebener dunkler Schokolade bestreuen.

3 Vor dem Servieren 1–2 Stunden im Kühlschrank kalt stellen.

Nährwert pro Portion
Eiweiß 14 g; Fett 48 g; Kohlenhydrate 46 g; Cholesterin 260 mg; 2728 kJ (650 kcal)

Die geschmolzene Schokolade vorsichtig mit der Sahne verrühren.

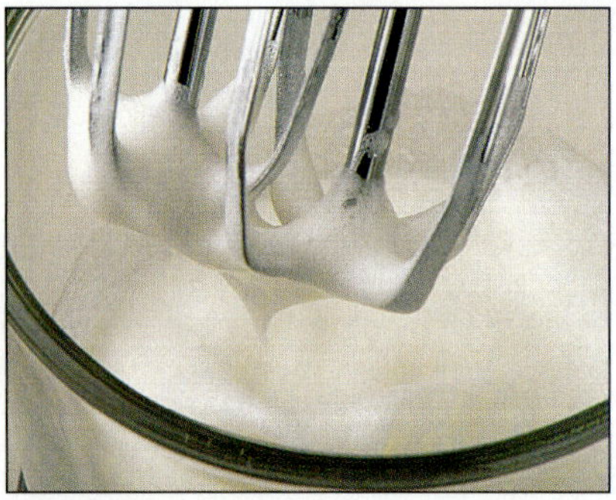

Eiweiße mit dem Handrührgerät fast steif schlagen.

Die restliche Sahne steif schlagen und unter die Schokoladencreme heben.

Süßer Brotpudding

Vorbereitungszeit: 15 Min.
Backzeit: 45 Min.
Für 1 Person

2 Scheiben Weißbrot vom Vortag, ohne Krusten
10 g Butter, zimmerwarm
1 EL Sultaninen
1 TL Zucker
1 Prise Lebkuchengewürz
1 Ei, leicht verquirlt
1–2 Tropfen Vanillearoma
125 ml Milch
1 TL feinster Zucker

1 Backofen auf 160 °C vorheizen. Eine hohe kleine Auflaufform (300 ml) dünn einfetten.
2 Aus den Brotscheiben 2 Kreise in der Größe der Form ausstechen. Eine Seite leicht buttern und 1 Scheibe mit der Butterseite nach oben in die Form legen. Mit Sultaninen, Zucker und Gewürzmischung bestreuen. Ei, Vanillearoma und Milch in einer Schüssel gut verrühren. Den zweiten Brotkreis auf die Sultaninen legen und die Eiermischung darüber geben.
3 Die Auflaufform in einen Bräter stellen und den Bräter mit kaltem Wasser füllen, bis die Form halb hoch im Wasser steht. Im Ofen 40 Minuten zartbraun backen. Die Oberfläche mit feinstem Zucker bestreuen und bei starker Hitze unter dem Grill 2–3 Minuten karamellisieren lassen.

Nährwert pro Portion
Eiweiß 16 g; Fett 20 g; Kohlenhydrate 52 g; Cholesterin 222 mg; 1849 kJ (442 kcal)

Aus den Brotscheiben Kreise in der Größe der Form ausstechen.

Ei, Vanillearoma und Milch verrühren und über den Pudding geben.

Im Backofen 40 Minuten zartbraun backen.

Apfelauflauf mit Streuseln

Vorbereitungszeit: 10 Min.
Gar- und Backzeit: 30 Min.
Für 1 Person

1 großer grüner Apfel, geschält, entkernt und in mundgerechte Stücke geschnitten
2 TL Zucker
1 Prise gemahlener Zimt

Streusel
1½ EL Mehl
3 TL Haferflocken
1 EL brauner Zucker
1 Prise gemahlene Muskatnuss
15 g Butter

1 Backofen auf 180 °C vorheizen. Eine kleine, hohe Auflaufform (200 ml) leicht einfetten.
2 Apfelstücke, Zucker, Zimt und 60 ml Wasser in einem kleinen Topf zum Kochen bringen, dann den Herd herunterschalten und alles 10 Minuten weich köcheln. Vom Herd nehmen, abgießen und den Apfel mit einer Gabel grob zerdrücken. In die vorbereitete Auflaufform geben.
3 **Für die Streusel:** Das Mehl, die Haferflocken, den braunen Zucker und die geriebene Muskatnuss in einer kleinen Schüssel gut mischen. Die Butter vorsichtig mit den Fingerspitzen einarbeiten, bis eine krümelige Mischung entsteht. Über die Apfelstücke streuen und im Ofen 15–20 Minuten knusprig backen. Mit Sahne, Eiscreme oder Vanillesauce servieren.

Nährwert pro Portion
Eiweiß 3 g; Fett 13 g; Kohlenhydrate 60 g; Cholesterin 38 mg; 1509 kJ (360 kcal)

Apfelstücke mit Zimt und Zucker 10 Minuten weich köcheln.

Butter einarbeiten, bis eine fein krümelige Mischung entsteht.

Die Streusel über den Apfel streuen und knusprig goldbraun backen.

Register

Titel der Originalausgabe: Cooking for one

www.karl-mueller-verlag.de

Übersetzung aus dem Englischen: Susanne Haeger (für rheinConcept)
Redaktion und Satz der deutschen Ausgabe: rheinConcept, Wesseling
Druck und Bindung: Stige S.p.A.
Printed in Italy

ISBN: 3-89893-678-3

HINWEIS

Das vorliegende Buch ist sorgfältig erarbeitet worden. Dennoch erfolgen alle Angaben ohne Gewähr. Autoren und Verlag bzw. dessen Beauftragte können für eventuelle Personen-, Sach- oder Vermögensschäden keine Haftung übernehmen.